COM[illegible]
UTILISER CE FICHIER

AVANT-PROPOS

L'objet de cette première partie est de resituer les possibilités d'utilisation de cet outil pédagogique que constitue un fichier, dans une perspective éducative.

En effet, comme tout moyen pédagogique un fichier peut être la meilleure ou la pire des choses selon l'utilisation qui est en faite. La meilleure, si effectivement le fichier reste un outil au service d'une volonté éducative ; la pire, si le moyen devient une fin en soi, c'est-à-dire si l'objectif est l'utilisation pour l'utilisation. Il convient en effet de savoir pourquoi on propose ce jeu plutôt que tel autre, comment on peut l'adapter à des circonstances données : les intérêts, les aptitudes des enfants, du groupe d'enfants, le nombre de participants, le lieu où l'on se trouve, etc...

C'est donc avec cette double volonté de conserver au jeu toute sa place dans l'activité de l'enfant et de permettre à l'utilisateur de ce fichier d'en faire le meilleur usage que nous proposons :

- un rappel de l'importance du jeu chez l'enfant,
- un éclairage sur la notion de classification pour permettre de cerner rapidement les possibilités offertes par tel ou tel jeu,
- une réflexion à propos du rôle de l'animateur,
- une bibliographie.

LES INDICATIONS SUR LES FICHES

L'écriture d'un fichier fige à un moment donné la présentation des jeux. Tout l'art de l'animation consiste à redonner la vie au jeu, c'est - à-dire à l'adapter en permanence aux joueurs, aux circonstances...

La présentation qui a été retenue donne quatre types d'indications qui doivent permettre à l'utilisateur du fichier de percevoir rapidement les caractéristiques d'un jeu donné.

INDICATIONS SUR LES FAMILLES DE JEU

C'est le répertoire précédant les fiches qui apporte ces indications sur la notion de "famille" ou plutôt de schéma de jeu.
Cf. présentation plus détaillée pages 8 et 9.

INDICATIONS SUR LES INTÉRÊTS DES JEUX

Elle se retrouvent à la fois sur le répertoire et sur chacune des fiches. Ces indications (maîtrise du corps, perception ou maîtrise de l'espace, du temps, maîtrise d'un engin, maîtrise des relations) précisent l'intérêt dominant et permettent d'organiser la menée du jeu en fonction de cela.
Cf. présentation plus détaillée pages 6, 7 et 8.

INDICATIONS D'ORDRE PRATIQUE

A propos de l'effectif
Il est donné à titre indicatif un chiffre minimum, un chiffre maximum, mais ces données peuvent varier si on adapte le jeu. Il est indiqué d'autre part s'il y a nécessité de constituer des équipes.

A propos de l'âge
Deux indications sont données : l'âge à partir duquel on peut proposer ce jeu : à partir de... (mais cette indication peut varier selon que l'on s'adresse à un groupe qui a une pratique de jeu importante ou non); la fourchette d'âge à laquelle ce jeu convient le mieux (même remarque que précédemment).
La référence aux possibilités de l'enfant doit rester le souci permanent de l'animateur.

A propos du matériel à utiliser

A propos des règles nécessaires
Là encore il s'agit d'indications qui pourront être complétées en fonction des circonstances du jeu, de la pratique des joueurs, etc...

NB : Ces indications concernent le jeu de base présenté sur chaque fiche. La présentation des variantes apporte d'autres éléments quand c'est nécessaire.

EXEMPLE :
Fiche n°2 : le jeu intéresse surtout les 6-8 ans (par contre la variante s'adresse davantage à des plus grands).
Fiche n°36 : le jeu est avant tout un jeu de coopération alors qu'une des variantes met l'accent sur la perception sensorielle.

IMPORTANCE DU JEU CHEZ L'ENFANT

Les enfants jouent dans tous les lieux : à la maison, dans la rue, dans la cour de l'école, au centre de loisirs...

Le jeu est pour l'enfant le mode privilégié d'expression de ses besoins fondamentaux, le lieu de ses premiers apprentissages, celui où se construit sa pensée abstraite.

Lorsque le jeune enfant court, saute, rampe, grimpe, il est à la découverte de ses possibilités corporelles, à la recherche de ses propres limites. Il se représente de nombreuses situations en les jouant, en imitant. C'est sa manière de se les approprier, d'imaginer, de créer, de régler des conflits. La psychanalyse a particulièrement mis en évidence l'importance des "faire-semblant".

Le jeu symbolique n'est autre que le "jouer à être".

Le mouvement, la parole, le dessin, la construction sont autant de moyens qui développent l'imaginaire en enrichissant la réalité.

L'idée de plaisir est toujours présente lorsqu'un enfant, des enfants jouent. Des jeux du tout petit enfant apparemment très structurés aux jeux à règles très élaborées avec leurs équipes, leurs arbitres, leurs rituels, c'est d'abord la notion de plaisir qui intervient.

JOUER met les participants dans des situations très diversifiées qui les obligent à prendre en compte les différents paramètres de l'environnement, l'espace, le matériel, les partenaires, les adversaires. C'est l'occasion de développer de **nombreuses capacités qui, en se combinant, enrichissent les possibilités de réponses motrices et de comportements sociaux.**
** "Les jeux des enfants constituent d'admirables instructions sociales où chacun a l'occasion d'exercer des rôles, de prendre des responsabilités, de faire l'apprentissage de l'autonomie".*

Autant dire que **l'activité ludique** dans sa dimension la plus large - qu'il s'agisse de cligner des yeux en regardant le soleil, du jeu de dînette, des barres ou du cache-cache - ne peut en aucun cas être considérée comme gratuite, inutile ou frivole. C'est une interprétation d'adultes qui dissocie travail et loisir, qui confond activité éducative et activité rentable.

* *P .Gutton : Le jeu chez l'enfant (Ed. Larousse).*

JOUER EST UN ACTE VOLONTAIRE

• qui suppose motivations, libre choix des partenaires, du matériel,
• qui permet un investissement important du point de vue de l'imaginaire. La réalité reste à l'arrière-plan ce qui rend parfois difficile l'intégration d'adultes à certains groupes de jeu où les enfants ont inventé leurs propres règles, choisi leurs expériences.

Tout éducateur conscient de l'importance du jeu dans le développement de l'enfant doit favoriser toute occasion de jouer qui permet des relations authentiques :

- entre les enfants,
- entre l'enseignant, l'animateur... et chacun des enfants,
- entre l'enseignant, l'animateur... et le groupe d'enfants.

LA CLASSIFICATION DES JEUX

Toute classification est forcément arbitraire. L'objectif de ce chapitre n'est donc pas de présenter toutes les possibilités de classification mais d'expliquer pourquoi, dans ce fichier, nous nous sommes essentiellement appuyés sur deux d'entre elles.

— CLASSIFICATION PAR MAÎTRISES —

Cette classification nous a paru intéressante car elle tient compte des situations que nous connaissons à l'école, dans les centres de loisirs ou de vacances dans la mesure où elle propose une progression :

- apprendre à connaître et à maîtriser son corps,
- le situer par rapport à des notions d'espace et de temps,
- enrichir ces maîtrises par l'utilisation d'engins,
- les utiliser en fonction de partenaires ou d'adversaires.

Elle s'appuie sur le travail de Justin Tessie (professeur d'éducation physique).

Elle met en évidence l'acquisition de maîtrises.
Elle mentionne la maîtrise dominante.

MAÎTRISE DU CORPS

- Il s'agit d'apprendre à connaître puis à maîtriser son corps. Il convient donc de multiplier les occasions d'utiliser ses différentes possibilités dans des situations diversifiées, pour permettre l'amélioration fonctionnelle (souplesse, force, résistance, vitesse...), l'acquisition de capacités, et arriver au contrôle de l'activité motrice.

- Entrent donc dans cette catégorie les activités qui provoquent l'utilisation de tout ou partie de son corps (saut, course, jeux de réflexe, activités d'expression, de mime, de relaxation...).

Dans ce fichier les jeux classés dans cette catégorie sont des jeux de course, de saut, de réflexe, d'équilibre, d'adresse, d'expression, de latéralisation... qui permetent d'utiliser (voire de mettre en valeur) et d'améliorer ces capacités.

MAÎTRISE DE L'ESPACE, DU TEMPS

- Il s'agit de percevoir les notions d'espaces, de temps (de durée) puisque le corps se meut dans des espaces donnés, dans un temps donné ou dans des situations où interviennent à la fois ces deux notions (vitesse). La perception doit conduire à une maîtrise de ces éléments.

- Entrent donc dans cette catégorie les activités qui font intervenir la notion d'espace (courir, évoluer, s'orienter dans un espace donné), de temps (jeux de rythme), ou d'espace et de temps (relais-course...).

Dans ce fichier apparaissent essentiellement des jeux de perception ou de maîtrise de l'espace, des jeux où intervient la notion de vitesse. Il y a très peu de jeux où intervient seulement la maîtrise du temps ou du rythme : Pierre appelle Paul, la gresse, ambassadeur du rythme, le chef d'orchestre.

MAÎTRISE D'UN ENGIN

- Il s'agit d'apprendre à contrôler, à maîtriser l'utilisation d'outils qui prolongent l'action du corps.

- Entrent donc dans cette catégorie les activités qui permettent cette utilisation : jeux avec balles, ballons, cerceaux, billes, activités manuelles...

Dans ce fichier sont essentiellement présentés des jeux de balles ou ballons (lancer, tir, réception...).

MAÎTRISE DES RELATIONS

- Les maîtrises précédentes étant acquises (ou en cours d'acquisition), il s'agit de les utiliser dans des situations où la présence de partenaires et (ou) d'adversaires modifiera l'action motrice.

NB : Justin Tessie mettait en évidence la maîtrise d'opposition. Nous avons voulu élargir cette notion en faisant intervenir à la fois les notions d'opposition (jeu avec des adversaires) et de coopération (jeu avec des partenaires).

Entrent donc dans cette catégorie tous les jeux d'équipes, des activités exigeant une coopération (danse collective) ou mettant en situation d'opposition.

Tous les jeux présentés dans ce fichier mettant en présence plusieurs joueurs, soit dans des situations d'opposition, soit dans des situations de coopération auraient pu être répertoriés dans cette catégorie.
Nous y avons seulement classé les jeux où la présence de partenaires ou d'adversaires nous semble enrichir la situation proposée.
Il est à noter également que certains jeux d'opposition apportent une dimension supplémentaire en permettant au joueur de choisir son adversaire.
(Nous l'avons signalé sur chaque fiche).

CLASSIFICATION PAR FAMILLE DE JEU *(ou par schémas)*

L'objectif essentiel de cette classification est de mettre en évidence un schéma de jeu à partir duquel on peut inventer d'autres jeux ou permettre à un groupe d'enfants de les inventer.

JEUX DE POURSUITE - JEUX À "S'ATTRAPER"
Par définition, jeux où un ou plusieurs autres joueurs poursuivent, cherchent à *"attraper"* un ou plusieurs autres joueurs.
Le type même de ce jeu est le jeu de chat et souris (dans le sud de la France les enfants disent jouer à *"trape-trape"*).
De ce jeu de base on peut aller vers des jeux plus complexes en faisant intervenir une histoire (chameau-chamois), une opposition préalable (le béret), des équipes (renards, poules, vipères).
Dans la même famille : les sorciers, les barres *(1)*.

JEUX DE RELAIS
Ces jeux rappellent les relais pratiqués en athlétisme (4 x 100m ou 4 x 400m...).
On peut faire varier :
- La nature du témoin : ballon - objets divers.
- Le parcours à effectuer (avec plus ou moins d'obstacles).
- La disposition des équipes.
- La façon de chronométrer (ballon-chronomètre).

---

(1) Voir fichier "Jeux Sportifs" - Les Francas.

JEUX D'APPROCHE OU (ET) D'ORIENTATION

D'une manière générale le joueur doit s'approcher d'un but à atteindre, soit par ses propres moyens, soit en étant aidé par les autres joueurs (chaud et froid, radar musical).

Dans certains jeux *"aveugles"* (le joueur a les yeux bandés), intervient la notion d'orientation. Mais il convient de pratiquer ces jeux avec un certain nombre de précautions (terrain bien délimité, dégagé...), car ils peuvent être source d'angoisse (attention à l'âge des enfants).

JEUX D'ESQUIVE

Dans ces jeux, il faut esquiver l'adversaire (prise de foulards) ou son tir (esquive-ballon et variantes).

Certains jeux de poursuite (jeux de chat, les sorciers) sont aussi des jeux d'esquive.

Dans la même famille : le ballon prisonnier, le ballon canadien couloir, la thèque, le méli-mélo, le ballon aux 4 coins, le ballon assis *(1).*

JEUX DE QUATRE COINS

A partir du jeu traditionnel on peut imaginer d'autres jeux en multipliant les coins (dans tous ces jeux, il y a une place de moins qu'il y a de joueurs).

JEUX UN CONTRE TOUS

Cette famille regroupe à la fois les jeux où :

- Le joueur a un rôle différent des autres (pigeon vole, colin maillard, défense du bâton...).
- Le joueur joue contre tous les autres (ballon cage, chef d'orchestre...).

JEUX DE SAUTE MOUTON

Il s'agit là aussi d'un jeu traditionnel aux multiples variantes. Attention ! Ce jeu a été interdit dans les séances d'éducation physique à l'école. Cependant bien organisé, sur un terrain choisi en conséquence, il nous paraît très intéressant.

NB : Nous n'avons pas retenu des familles souvent citées dans les ouvrages sur le jeu (hasard, adresse, force...) parce qu'elles mettent moins en évidence un schéma de jeu. Mais on peut retrouver dans ce fichier des jeux d'adresse (esquive, certains relais...), des jeux de hasard (la visse, aimes-tu tes voisins...), des jeux de force (le cercle empoisonné, le bull dog...).

---

(1) Voir fichier "Jeux Sportifs" - Les Francas.

LE RÔLE DE L'ANIMATEUR

- **Compte tenu de la diversité des situations de jeux dans les groupes d'enfants, il est essentiel que l'animateur soit en capacité de s'adapter à ces situations :**
  - en prenant en compte les besoins des enfants, leurs demandes, et la nécessité d'enrichir ces demandes,
  - en ayant le souci de ne pas résumer la pratique du jeu chez l'enfant aux seuls jeux codifiés.

- **Cette diversité peut venir :**

- Des enfants eux-mêmes :
  - leur âge,
  - leur nombre,
  - leurs intérêts, leurs aptitudes, leurs besoins,
  - la pratique qu'ils ont des jeux.
- Des conditions de jeux :
  - le terrain,
  - le moment de la journée,
  - la saison.

- **Aussi suivant les cas, l'animateur pourra :**

- Avoir une action directe dans le jeu :
  - En proposant des jeux.
  - En les adaptant à l'âge des joueurs, au nombre de participants, au terrain, aux conditions particulières dans lesquelles ils se déroulent.
  - En les expliquant, en permettant au groupe de se les approprier (pour certains jeux, l'objectif est que très rapidement le groupe puisse s'organiser sans l'intervention de l'animateur).
  - En arbitrant, quand c'est nécessaire.
  - En jouant avec les enfants si sa présence ne perturbe pas le déroulement du jeu et si cette présence est, pour un temps, nécessaire à l'apprentissage.
- Avoir une action indirecte :

  L'animateur agit alors pour créer les conditions de jeux et permettre à l'enfant de jouer seul ou en groupe.
  - Prévoir un cadre favorisant le jeu (ou savoir le préserver dans certains cas).
  - Proposer des supports au jeu : jouets, matériaux, matériel,

équipements, espaces aménagés ou non.
En tout état de cause l'animateur doit être présent et disponible.

- **Mais cela n'est pas aussi simple sur le terrain et tout l'art de l'animateur consiste à savoir à quel moment il faut intervenir, ou ne pas intervenir, jusqu'à quand et pourquoi faire.**

- **Entrer en relation de manière authentique avec l'enfant suppose :**
  - un état d'esprit : savoir et aimer jouer, avoir l'esprit de jeu,
  - des capacités,
  - connaître un bagage important de jeux,
  - savoir apprécier la qualité d'un jeu (ses intérêts),
  - savoir observer en permanence le groupe avec lequel il agit.

BIBLIOGRAPHIE

QUELQUES OUVRAGES THÉORIQUES

- **L'enfant et le jeu** *Jean CHATEAU* Ed. du SCARABÉE
- **L'activité ludique** *Revue "Vers L'éducation nouvelle" CEMEA* Ed. du SCARABÉE
- **Le jeu pour le jeu** *Joseph LEIF et Lucien BRUNELLE* Ed. A. COLIN
- **Les activités physiques éducatives** *Robert JOFFRE* Ed. VIGOT
- **Activité physique et sportive et motricité de l'enfant** *J. KEFFER* Ed. VIGOT
- **L'enfant et le sport** *M. DURAND* Ed. P.U.F.

QUELQUES OUVRAGES D'ACTIVITÉS

- **Fichier Jeux de tradition enfantine** Ed. Les FRANCAS
- **Fichier Jeux sportifs** Ed. Les FRANCAS
- **Fichier Jeux et Activités Petite Enfance** Ed. Les FRANCAS
- **Fichier Jeux et Activités Musicales Petite Enfance** Ed. Les FRANCAS
- **Fiches d'exercices et de jeux pour l'école et le club** Ed. VIGOT

DIVERS

- **Revue E.P.S.** Ed. Revue E.P.S. 1, av. du Tremblay 75012 Paris
- **L'enfant, son corps en mouvement** *Revue RÉUSSIR-Éducation - n°10* Ed. Les FRANCAS
- **L'enfant en jeu** *Revue RÉUSSIR-Éducation - n°16* Ed. Les FRANCAS
- **Aménager les cours d'école** Ed. Les FRANCAS

RÉPERTOIRE & CLASSIFICATION DES JEUX

POURSUITE

		Variantes	Age	Dominante	Corps	Espace Temps	Engin	Relations
1	Jeux de chat	Les tortues - Le fromage - La chandelle	4	6/8	■	x		x
2	Chat et souris labyrinthe	Rues et avenues	6	6/8	x	■		x
3	Accroche décroche	Jamais la paire	4	4/8	x	■		x
4	Le voleur de pommes	La garuche	6	8/10	■	x		x
5	La taupe et la sauterelle	Roméo et Juliette	6	7/10	■	x		x
6	Chameau - chamois	Chameau chamois devinette	6	8/12	■			x
7	Le filet du pêcheur		4	5/7	x	■		x
8	Minuit dans la bergerie	Prom'nons nous dans les bois	4	4/8	x	■		
9	La visse la baguette		8	8/10		x		■
10	Le béret	Le béret double - Béret, prise de foulard	6	6/12	x			■
11	L'épervier	Le mur chinois - Le bull dog	6	6/12	x	■		x
12	Lièvre et chiens		8	8/14		x		■
13	Renards - poules - vipères		8	10/14	x	x		■
14	La galoche		8	10/14	x	x	x	■
15	Gendarmes et voleurs		6	8/12	x	x		■

RELAIS

x : maîtrise ■ : maîtrise dominante

		Variantes	Age	Dominante	Corps	Espace Temps	Engin	Relations
16	Relais trois épreuves		6	6/8	■	x		x
17	Relais slalom (relais-légumes)	Relais debout couché	6	8/12	■	x		x
18	Relais kangourou		6	8/10	■	x		x
19	Relais trois ronds (relais trois objets)		5	6/8	■	x		x
20	Relais S.N.C.F.		6	8/12	x			■
21	Béret ballon		8	8/14			■	x
22	Le garçon de café	Variante	8	8/12	■			x
23	Relais assis debout	Passe ballon en éventail	8	8/12	x		■	x
24	Relais godiche		8	8/12	■	x		x
25	Ballon poursuivi		8	8/14	■	x	■	x
26	Le courant électrique	Variantes	6	6/10	x			■
27	Relais dactylo		8	8/12	■			x
28	La poursuite des ballons		4	4/6			■	x
29	Passage du gué		6	6/8	■			x
30	Relais tunnel	Variantes	4	4/8	■		x	x
31	Ballon chronomètre		6	6/10	■		■	x

APPROCHE ORIENTATION

		Variantes	Age	Dominante	Corps	Espace Temps	Engin	Relations
32	La princesse prisonnière	Médor et son os - L'approche du réveil	6	6/8	■	x		x
33	Les fusées téléguidées	La cible - Le radar - Les astéroïdes	6	6/8		■		
34	L'âne à ferrer		6	6/8		■		x
35	Les mendiants aveugles (cinq quarts- six clous)		6	8/10		■		x
36	Chaud et froid	Musguidac	4	4/8	x	x		■
37	Le radar musical		6	8/10	x	x		■
38	1.2.3. Soleil	M'man veux-tu	4	4/8	■			x
39	Apparaissez - Disparaissez	Poursuite d'Ali-Baba	4	4/10	■	■		
40	La sardine		4	4/6	x	■		
41	La gamelle		8	8/14	x	■		x
42	Douaniers et contrebandiers		8	8/14	x	x		■
43	Arrivée dans le cercle	Passage frontière	8	8/14	x	■		
44	Approche au numéro		8	8/14	x	■		x
45	Approche au numéro		8	8/14	x	■		

ESQUIVE

x : maîtrise ■ : maîtrise dominante

		Variantes	Age	Dominante	Corps	Espace Temps	Engin	Relations
46	Prise de foulards	La procession des harengs	6	6/12	x			■
47	La balle nommée		6	6/8			■	x
48	Esquive - ballon en cercle	Esquive 2 ballons, 2 cercles, sauterelle ou double	6	6/12	x	x	■	x
49	Esquive ballon au loup		8	8/12	■		■	x
50	Esquive ballon épervier	Variantes	8	8/12	x	■	■	x
51	Esquive ballon 3 camps		8	8/12	x		■	x
52	Massacre au relais	Variante	6	8/10	■		■	x
53	Ballon aux refuges		8	8/10	■	x	■	x
54	Thèque esquive	Variante	8	8/14	x		■	x
55	Balle au chasseur	Variante	6	8/10	x		■	x
56	La chasse à courre	Variante	8	8/14	■	x	■	x

QUATRE COINS

x : maîtrise ■ : maîtrise dominante

		Variantes	Age	Dominante	Corps	Espace Temps	Engin	Relations
57	4 coins - Multi-coins		6	6/10	x	■		x
58	Les écureuils en cage		4	4/6	x	■		x
59	Le train		3	4/6		x		■
60	Face à face - Dos à dos		6	6/10		x		■
61	Bonjour Monsieur - Bonjour Madame		6	6/8	x	x		■
62	Suivez partez		8	8/12	x	x		■
63	Aimes-tu tes voisins		6	6/8		x		■
64	La lettre à la poste		8	8/12		■		x
65	La mer est calme		4	6/8		■		
66	Le joueur de flûte	Variante	4	6/8		■		
67	Les cruches musicales		8	8/12	x	■		x
68	Les couples musicaux		8	8/14	■	x		x

UN CONTRE TOUS

		Variantes	Age	Dominante	Corps	Espace Temps	Engin	Relations
69	Pigeon vole	Jacques a dit - Sire Papatogonus	4	4/8	■			
70	Piperlet	Jeux olympiques	6	6/8	■			
71	Dans la mare, sur la rive	Les petits mousses	6	6/8	■			
72	Mare, canards, foulards		8	8/10	■			
73	Les mouches		4	4/6	■		x	
74	Pan ! Lapins	La tomate	6	6/8	■			
75	La digilence		4	6/10	■			
76	Caracaca		6	8/10	■			x
77	Baguette magique	Tradéridéra - Objets magiques	6	6/8	■			
78	Pont d'Avignon	Couples mimés - Tableaux mimés	8	8/12	■			
79	L'objet invisible		6	6/10		■		
80	Le chef d'orchestre	Variantes	6	6/8	x			■
81	Ma grand-mère est allée au marché	Variantes	8	8/10	■			
82	Pierre appelle Paul		8	10/14	x	■		
83	Colin Maillard	Variantes	6	6/8				■
84	Ballon cage		6	8/10	x		■	x
85	Cercle empoisonné		6	8/10				■
86	Cavaliers pressés	Dernier à cheval - Lapins/Terriers	8	8/10	■			
87	La balle brûlée		10	10/14	x	x	■	x
88	Défense du bâton		8	10/14	x	x	■	x

AMBASSADEURS

x : maîtrise ■ : maîtrise dominante

		Age	Dominante	Corps	Espace Temps	Engin	Relations
89	Ambassadeurs	8	8/12	■			x

SAUTE-MOUTON

		Age	Dominante	Corps	Espace Temps	Engin	Relations
90	La gresse	10	10/14	■			x

01 JEUX DE CHAT

POURSUITE

EFFECTIF : 8 à 20 joueurs
AGE : à partir de 4 ans
6 - 8 ans

INTÉRÊT DU JEU :

MAÎTRISE DU CORPS, maîtrise espace - temps, jeu d'opposition.

DÉROULEMENT :

BUT DU JEU : Pour les souris ne pas se faire toucher par le chat. Pour le chat toucher une souris qui deviendra chat à son tour.

CHAT ET SOURIS : Un joueur désigné par le sort ou une comptine est le chat. Les autres se sauvent et le chat les poursuit. Le premier touché devient chat à son tour.

CHAT DOUBLE : Même jeu, mais deux souris se tiennent la main et sont poursuivies par deux chats se tenant de la même façon.

CHAT COUPÉ : Si un autre joueur passe entre poursuivant et poursuivi, le chat doit courir après celui qui a "coupé". Ce jeu est appelé aussi "coupe-fil".

CHAT BLESSÉ : Lorsque le chat touche un joueur, celui-ci devenu chat, doit courir, en tenant d'une main l'endroit où il a été touché.

CHAT PERCHÉ : Les joueurs sont à l'abri du chat dès qu'ils sont perchés au-dessus du sol.

VARIANTE : Chat ferré (asile sur du fer, sur pierre, sur bois, etc.).
CHAT POLICIER : (cache-cache simple). Le chat se tient à l'écart les yeux fermés, il compte jusqu'à 20 (50 selon les terrains) ; au cri "c'est fait", il part à la recherche des autres joueurs. S'il en trouve un dans sa cachette, celui-ci devient chat, mais les autres joueurs peuvent essayer de venir toucher le but sans être pris par le chat.
CHAT OMBRE : Se joue quand il y a du soleil. Si le chat marche sur l'ombre d'un joueur, ce joueur devient chat à son tour.

FORMATION :

Zone dont on a déterminé les limites.

LE FROMAGE

VARIANTES

LES TORTUES : pour les petits à partir de 4 ans. Le chat poursuit les souris. Quand une souris va être touchée, elle se met sur le dos en remuant bras et jambes (comme une tortue renversée). Elle ne peut alors être touchée.
LE FROMAGE : les joueurs forment un rond : le fromage. La souris s'élance poursuivie par le chat qui doit suivre exactement le même parcours. Il ne peut couper le fromage, c'est-à-dire traverser le cercle si la souris ne l'a pas fait avant lui.
REMARQUES :
- *si le chat met trop de temps pour attraper la souris, on peut inverser les rôles en disant :"changez"*
- *changer souvent de joueurs sinon les joueurs du cercle ne trouvent aucun intérêt au jeu.*

LA CHANDELLE (jeux de tradition).

REMARQUES : Dans presque tous ces jeux le joueur choisit son adversaire.
Autres termes utilisés dans certaines régions de France : JEUX DE PUCE - JEUX DE PATTE (chat coupé devient patte croisée).

02 CHAT ET SOURIS LABYRINTHE

POURSUITE

EFFECTIF : 16 à 30 joueurs
AGE : à partir de 6 ans
6 - 8 ans

FORMATION :
Joueurs en carré.

INTÉRÊT DU JEU :
PERCEPTION DE L'ESPACE, maîtrise du corps, jeu d'opposition

DÉROULEMENT :
BUT DU JEU : Pour le chat rattraper la souris.

La souris s'élance, poursuivie par le chat qui doit suivre exactement le même parcours.
REMARQUES :
- *Possibilité de changer les rôles*
- *Changer très souvent les joueurs.*

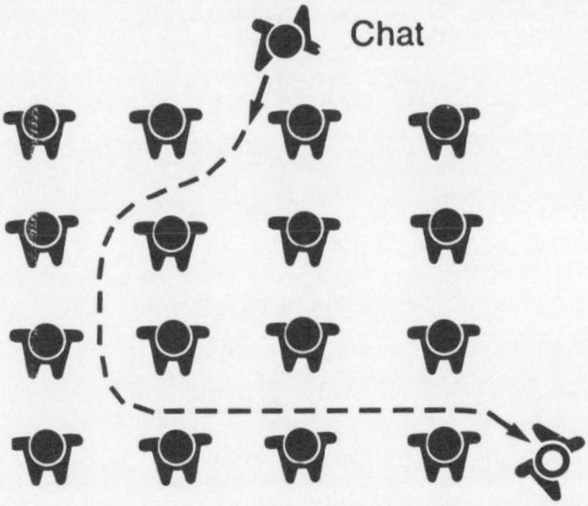

VARIANTES :
RUES ET AVENUES (8-10)
Même disposition, mais en tendant les bras, les joueurs définissent des rues. En faisant un quart de tour ils délimitent les avenues.
Le chat poursuit la souris. Quand le meneur annonce "Avenues" le chat doit modifier son parcours et suivre alors les avenues.
REMARQUES :
- *Ce jeu est un jeu d'orientation pour les joueurs*
- *Quand l'habitude est prise faire placer les mains sur les hanches, coudes écartés, pour éviter la fatigue.*

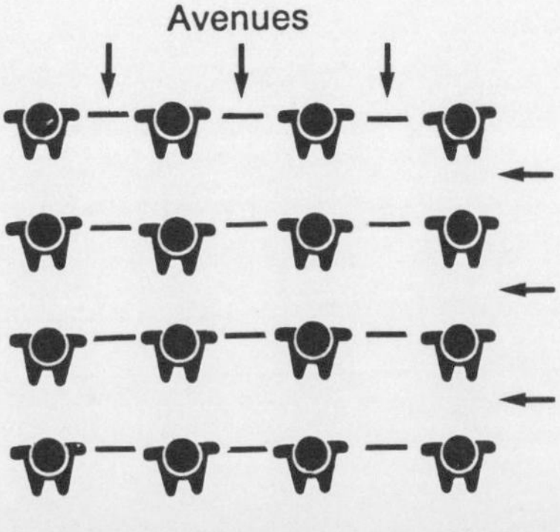

03

POURSUITE

ACCROCHE DECROCHE

EFFECTIF : 16 à 30 joueurs (nombre pair)

AGE : à partir de 4 ans
4 - 8 ans

FORMATION :
Par couples dispersés dans une zone déterminée.

INTÉRÊT DU JEU :

PERCEPTION DE L'ESPACE, maîtrise du corps, jeu d'opposition.

DÉROULEMENT :

BUT DU JEU : Pour le chat attraper la souris.

Les joueurs se donnent le bras par couples et se dispersent sur l'aire de jeu.
Leur main libre est placée sur la hanche.
La souris court en passant où elle veut entre les couples. Le chat la poursuit en suivant exactement le même chemin. La souris s'accroche quand bon lui semble au bras libre d'un des joueurs.
Le joueur en surnombre dans le couple devient alors souris. Si le chat rattrape la souris, les rôles s'inversent ou bien deux nouveaux joueurs les remplacent.
REMARQUES : Une disposition en cercle est aussi très intéressante :
— pour des petits qui ont parfois de la difficulté à repérer le chemin suivi par la souris.
— pour les plus grands (7 - 8 ans) qui pourront inventer des tactiques différentes.

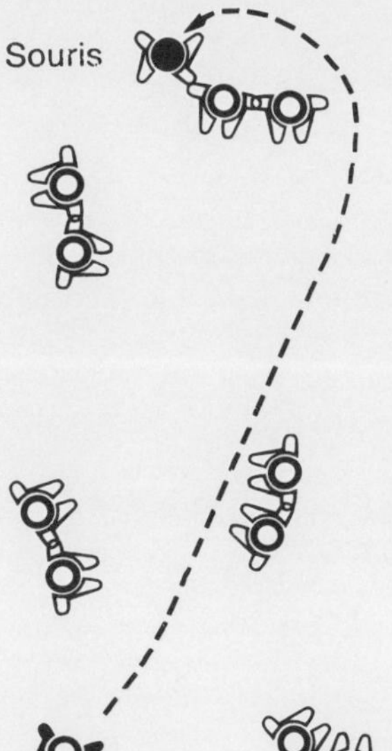

VARIANTES :

JAMAIS LA PAIRE : Pour les tout petits.
Joueurs dispersés sur le terrain. Dès que la souris se place à côté de l'un deux il devient à son tour souris.

04

POURSUITE

LE VOLEUR DE POMMES

EFFECTIF : 20 à 30 joueurs
AGE : à partir de 6 ans
8 - 10 ans

MATÉRIEL :
Un foulard ou tout autre objet.

INTÉRÊT DU JEU :

MAÎTRISE DU CORPS, perception espace, jeu d'opposition.

DÉROULEMENT :

BUT DU JEU : Pour le voleur, s'emparer de la pomme, sortir du cercle sans se faire toucher. Pour le gardien, toucher le voleur avant qu'il ne sorte du cercle.

— Un foulard noué ou tout autre objet (la pomme) est placé au centre du cercle formé par les joueurs.
— Un joueur (le voleur de pommes) sort.
— Un joueur du cercle est désigné silencieusement pour être le gardien. Il ne doit pas se trahir.
— A l'appel du meneur, le voleur entre dans le cercle entre deux joueurs qu'il choisit (A, B).
— C'est par cet intervalle entre A et B qu'il devra obligatoirement sortir.
— Dès que le voleur touche la pomme, le gardien se précipite et doit le toucher avant qu'il ne sorte du cercle.

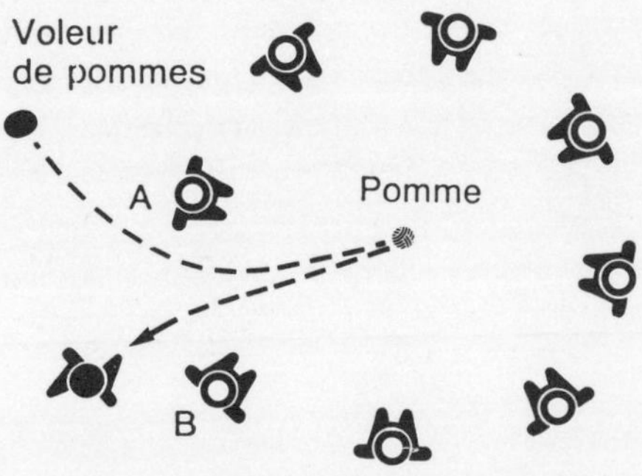

VARIANTE :

LA GARUCHE (ou bâton - chaise)

REMARQUE : En réalité le jeu précédent est une variante de ce jeu traditionnel qui présente l'intérêt supplémentaire de choisir son adversaire.

Joueurs en cercle : Un joueur touche l'épaule d'un autre joueur avec un foulard (ou un journal plié). Suivi par ce joueur il va déposer le foulard au centre du cercle. Dès qu'il l'a déposé l'autre joueur s'en saisit pour toucher le premier joueur avant qu'il n'ait regagné la place laissée libre.

05

POURSUITE

LA TAUPE ET LA SAUTERELLE

EFFECTIF : 6 à 20 joueurs
AGE : à partir de 6 ans
7 - 10 ans

MATÉRIEL :

Deux foulards.

FORMATION :

Joueurs en cercle - Deux sont au milieu : la sauterelle a les chevilles attachées par un foulard, la taupe a les yeux bandés.

INTÉRÊT DU JEU :

MAÎTRISE DU CORPS, perception de l'espace (orientation), jeu d'opposition.

DÉROULEMENT :

BUT DU JEU : La taupe doit attraper la sauterelle.

Au signal la sauterelle s'éloigne de la taupe en sautant à pieds joints. Pour se guider la taupe doit écouter le bruit des sauts.
Quand la sauterelle voit arriver la taupe, elle peut s'immobiliser, s'accroupir, s'allonger, ramper, rouler...
Si le bruit des sauts est trop faible on peut obliger la sauterelle à taper sur des cailloux ou dans ses mains toutes les 10 ou 20 secondes (ou utiliser des maracas).
REMARQUES : Ce jeu nécessite un effort physique important pour l'un, une forte tension auditive pour l'autre. Ne pas le faire durer trop longtemps.

VARIANTES :

ROMÉO ET JULIETTE : Même formation. Roméo a les yeux bandés. Juliette a les chevilles attachées. Roméo appelle "Juliette". A ce moment là Juliette doit s'immobiliser et répondre "oui Roméo". En fonction de la direction où se trouve Juliette, Roméo essaie de l'attraper. (Juliette peut tenir à la main une bougie allumée et Roméo peut souffler trois fois pour éteindre la bougie).

06

POURSUITE

CHAMEAU CHAMOIS

EFFECTIF : 10 à 30 joueurs
AGE : à partir de 6 ans
8 - 12 ans

FORMATION :

2 équipes.
Chameaux et chamois, face au meneur, ont un pied sur la ligne médiane.

INTÉRÊT DU JEU :

MAÎTRISE DU CORPS, jeu d'organisation.

DÉROULEMENT :

BUT DU JEU : Pour les chameaux ne pas se faire toucher par les chamois et inversement.

Le meneur raconte une histoire dans laquelle il glisse d'une manière équitable les mots "chamois", "chameau".
Si le mot "chameau" est prononcé : les chameaux courent vers leur ligne de retrait, les chamois doivent les toucher avant la ligne.
Si le mot "chamois" est prononcé les rôles sont inversés.
Chaque joueur touché donne un point à l'équipe adverse. L'équipe qui a le plus de points a gagné.
On peut aussi faire changer de camp aux joueurs touchés (ce n'est plus alors une opposition un contre un).
On peut également demander au joueur touché de ramener son adversaire en le portant à califourchon.
REMARQUES : On peut ajouter une prise de foulard.

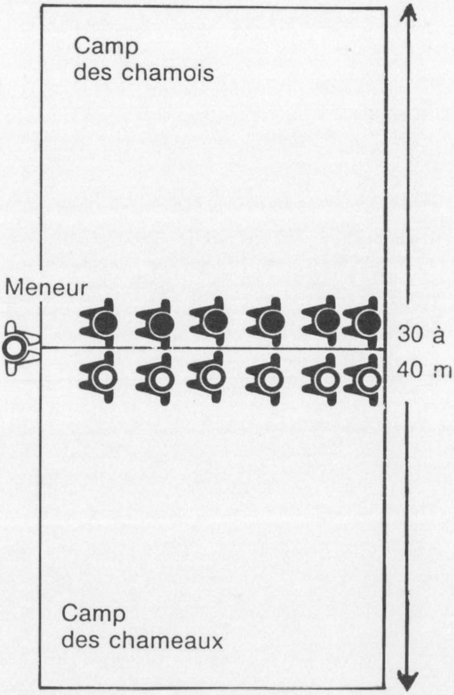

VARIANTES :

CHAMEAU - CHAMOIS DEVINETTE
Même disposition, le meneur de jeu annonce à l'équipe B la première et la dernière lettre d'un nom (de fruit, de fleur, de métier...) choisi par l'équipe A.
Si un joueur de B croit avoir trouvé il dit le mot à haute voix :
— s'il a dit juste les A s'enfuient poursuivis par les B
— s'il s'est trompé les A reculent d'un pas...

07

POURSUITE

LE FILET DU PECHEUR

EFFECTIF : 10 à 30 joueurs
AGE : à partir de 4 ans
5 - 7 ans

FORMATION :

Joueurs en cercle se donnant la main en hauteur : le filet.
Joueurs à l'extérieur : les poissons.

INTÉRÊT DU JEU :

MAÎTRISE ESPACE-TEMPS, maîtrise du corps.

DÉROULEMENT :

BUT DU JEU : Pour les poissons traverser le filet sans se faire prendre.

Les joueurs formant le filet conviennent entre eux d'un nombre.
Ils se mettent à compter.
Les poissons doivent alors traverser le filet.
Quand les joueurs du filet ont atteint le nombre fixé ils baissent les bras faisant prisonniers les joueurs se trouvant à l'intérieur.
Ces derniers viennent agrandir le filet.
Le gagnant est le dernier pris.

08 MINUIT DANS LA BERGERIE

POURSUITE

EFFECTIF : 20 à 30 joueurs
AGE : à partir de 4 ans
4 - 8 ans

INTÉRÊT DU JEU :

MAÎTRISE ESPACE-TEMPS,
maîtrise du corps (course).

DÉROULEMENT :

BUT DU JEU : Pour les moutons, rentrer dans la bergerie sans se faire toucher par le loup.

Loups et moutons se promènent.
Les moutons interrogent le loup : "Loup, quelle heure est-il ?"
Le loup répond l'heure de son choix ; la promenade continue jusqu'au moment où le loup répond : "il est minuit".
A ce moment tous les moutons doivent courir vers la bergerie.
Ceux qui sont touchés avant d'y entrer deviennent loups.
Le jeu se poursuit jusqu'à ce qu'il ne reste plus que quelques moutons.

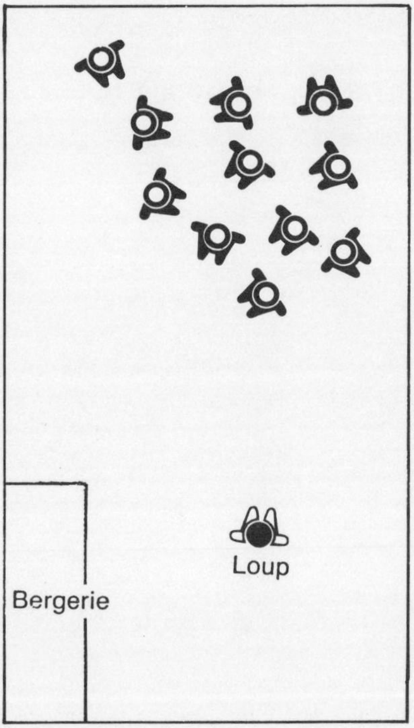

VARIANTES : Ce jeu est une variante du jeu chanté traditionnel "Prom'nons nous dans les bois" (pour les petits).

09 LA VISSE LA BAGUETTE

POURSUITE

EFFECTIF :
15 à 30 joueurs
deux équipes

AGE :
à partir de 8 ans
8-10 ans

MATÉRIEL :
Un objet (la visse).

FORMATION :
2 équipes.

INTÉRÊT DU JEU :
MAÎTRISE D'OPPOSITION, perception de l'espace.

DÉROULEMENT :
BUT DU JEU : Faire passer la visse dans le camp adverse en évitant d'être intercepté.

L'équipe A possède la visse et nomme un responsable chargé de son transport dans l'autre camp. Il prend la visse en main ou la met dans sa poche sans que l'adversaire le sache. Toute l'équipe A part, et l'équipe B essaie de l'intercepter.
Un joueur de B ne peut attraper qu'un seul joueur de A.
Quand tous les joueurs de A sont pris ou arrivés dans le camp n° 2, on regarde où est la visse.
Si le responsable est arrivé au camp n° 2, son équipe marque un point.
S'il a été attrapé, c'est l'équipe B qui marque.
Il faut attraper et pas seulement toucher.
Quand un défenseur a attrapé un attaquant, les deux joueurs restent sur place, mais le défenseur n'a pas le droit de regarder si l'attaquant a la visse ou pas.
On inverse les rôles après chaque passage.

REMARQUE : La visse est un objet connu des deux équipes au départ. Elle tient dans la main ou dans une poche.

10 LE BERET

POURSUITE

EFFECTIF : 8 à 20 joueurs
AGE : à partir de 6 ans
6 - 12 ans

MATÉRIEL :
— 1 foulard
— 1 par joueur pour la variante.

INTÉRÊT DU JEU :
MAÎTRISE D'OPPOSITION, maîtrise du corps.

FORMATION : 2 équipes.

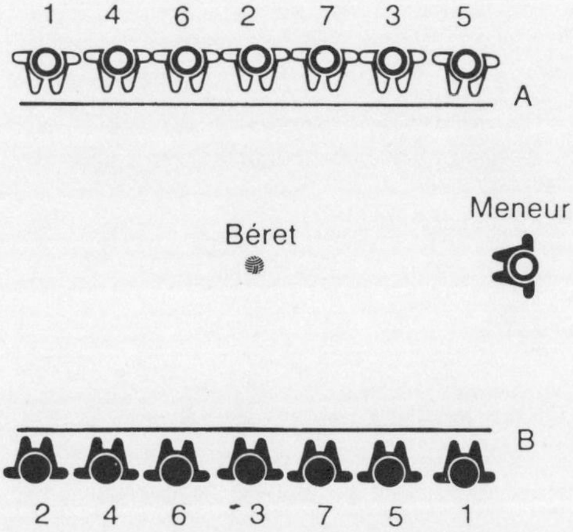

DÉROULEMENT :
BUT DU JEU : Pour l'un des joueurs appelés, ramener le béret dans son camp sans se faire toucher par son adversaire.

Les joueurs de chaque équipe choisissent un numéro ignoré des joueurs de l'autre équipe.

Le meneur crie "numéro 2" par exemple. Les joueurs A2 et B2 courent vers le béret, une main dans le dos. Si l'un des deux joueurs prend le béret et le rapporte, sans se faire toucher, dans son camp il marque un point pour son équipe. S'il se fait toucher par son adversaire, c'est le camp adverse qui marque ce point.

REMARQUES :

— Les joueurs doivent toujours avoir une main derrière le dos.

— Si les deux joueurs attendent trop longtemps devant le béret, le meneur peut appeler un second numéro. Seuls les numéros identiques peuvent se toucher entre eux.

— Un joueur ayant touché le béret ne peut le reposer.

— Avec des joueurs bien entraînés, les équipes ont la possibilité de changer les numéros au cours du jeu, quand ils le veulent.

VARIANTES :
BERET - PRISE DE FOULARD : Le béret est supprimé ; chaque joueur a un foulard glissé dans la ceinture, dans le dos.

Les deux joueurs appelés, face à face au centre de l'aire, tentent de tirer le foulard de l'adversaire.

BERET DOUBLE : (8-12)

Même disposition que pour le béret.

Le meneur annonce par exemple 2 rouge.

Les joueurs n° 2 se précipitent vers le béret mais c'est au joueur du camp rouge de le ramener dans son camp. Quand il saisit le béret le joueur bleu peut le toucher. Pour se protéger le joueur rouge peut alors poser le béret au sol à l'endroit où il se trouve (défense de le jeter). Les joueurs rentrent dans le camp et le meneur appelle deux autres numéros en changeant la couleur de l'équipe qui doit ramener le béret.

REMARQUES : Ce jeu peut être adapté à d'autres situations (familiarisation avec l'eau, initiation au poney, ski, kayak, vélo...).

11 L'EPERVIER

POURSUITE

EFFECTIF : 10 à 20 joueurs
AGE : à partir de 6 ans
6 - 12 ans

INTÉRÊT DU JEU :

MAÎTRISE ESPACE-TEMPS,
maîtrise du corps (course), jeu d'opposition.

DÉROULEMENT :

BUT DU JEU : Pour l'épervier, attraper le plus de cerfs possible. Pour les cerfs, échapper à l'épervier.

Quand l'épervier donne le signal (par exemple en frappant dans ses mains), les cerfs traversent le terrain.
L'épervier tente d'en toucher le plus possible, les cerfs pris deviennent ses aides.
Ils se donnent la main tous ensemble ou par groupe de 3 ou 4. Ils peuvent encercler des cerfs, mais seul l'épervier peut les toucher.
Lorsqu'il ne reste plus qu'un cerf, il est déclaré vainqueur et devient épervier à son tour.

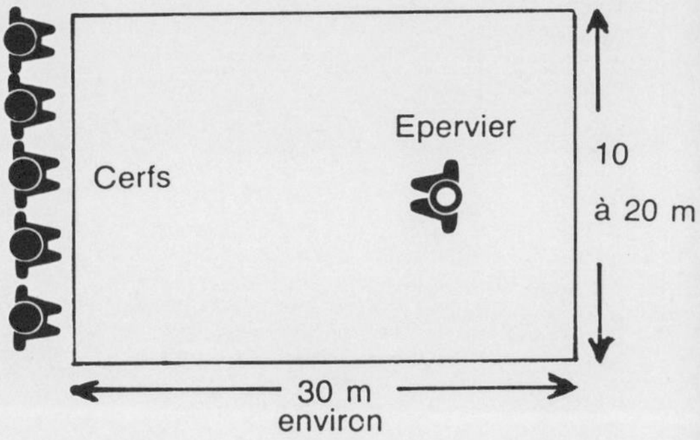

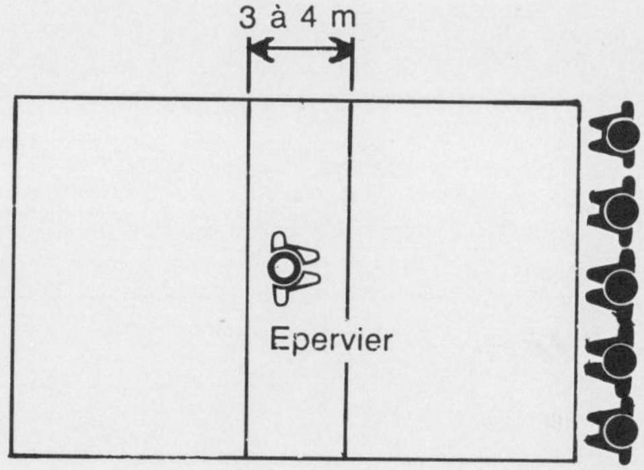

VARIANTES :

1 - L'épervier ne touche pas seul, tout le monde peut toucher (les éperviers ne se tenant pas ensemble).
2 - Les extrémités seules de chaque chaîne peuvent toucher.

(Suite au verso)

REMARQUE : Dans certaines régions pour donner le signal de départ, l'épervier chante une comptine "Où sont les cerfs ? Dans la forêt. Qu'est-ce qu'ils font ? Ils y travaillent. A quel métier ? Au charpentier - Faut-il les tuer ? Oui ! (ou non !).

AUTRES VARIANTES :

LE BULL DOG : (10-14) jeu traditionnel irlandais. Même formation que l'épervier.
Lorsque les joueurs traversent le terrain pour rejoindre la ligne opposée, le bull-dog doit attraper un joueur (ou plusieurs) en le soulevant du sol. Le joueur est pris quand ses pieds ont quitté le sol. Les joueurs pris deviennent bull-dog.
Qaund les bull-dog sont plusieurs, ils peuvent se mettre à 2, 3, 4... contre un seul joueur.
Le dernier joueur pris devient le bull-dog.

LE MUR CHINOIS : L'épervier est dans le couloir. Il ne peut prendre les cerfs que dans ce couloir. Les joueurs touchés se placent, jambes écartées, dans le couloir et forment une barrière. Les cerfs doivent passer entre les bras ou les jambes des prisonniers.

Le mur chinois

12 LIEVRES ET CHIEN

POURSUITE

EFFECTIF : 20 à 40 joueurs
AGE : à partir de 8 ans
8 à 14 ans

INTÉRÊT DU JEU :
MAÎTRISE DES RELATIONS (coopération - opposition), maîtrise espace - temps.

DÉROULEMENT :
BUT DU JEU : Pour les chiens, attraper le plus grand nombre de lièvres.

Les lièvres rentrent sur le terrain : ils peuvent aller séparément ou ensemble. Quelques temps après, au signal, les chiens se mettent en chasse. Les chiens doivent être deux pour pouvoir capturer un lièvre : un lièvre est pris quand il est touché par deux chiens de la même équipe.
Il leur remet alors son foulard et est conduit au meneur de jeu, qui devra quand on lui aura amené tous les lièvres, siffler la fin du jeu.
Chaque équipe passe tour à tour dans le rôle des lièvres.
L'équipe qui aura ramené le plus de foulards sera gagnante.

MATÉRIEL :
1 foulard par lièvre.

FORMATION :
Dans un espace délimité (bois, terrain accidenté).
4 équipes égales.

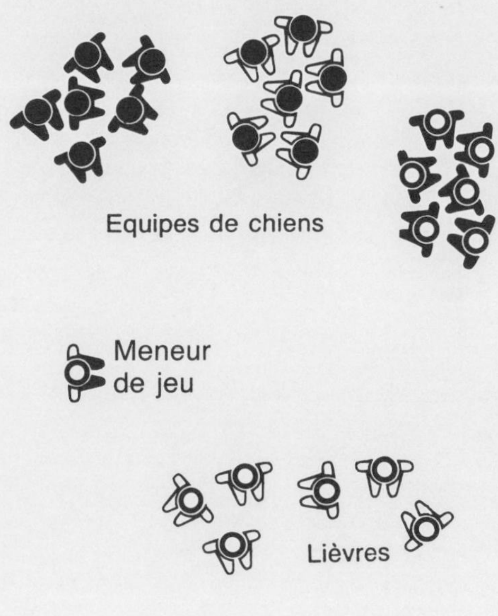

13 RENARDS POULES VIPERES

POURSUITE

EFFECTIF : 3 équipes de 6 à 12 joueurs

AGE : à partir de 8 ans
10 - 14 ans

MATÉRIEL :
Foulards.

FORMATION : Sur un terrain 3 camps sont matérialisés, à égale distance les uns des autres.

INTÉRÊT DU JEU :

MAÎTRISE DES RELATIONS (coopération - opposition), perception de l'espace, maîtrise du corps (esquive).

DÉROULEMENT :

BUT DU JEU :

Pour les renards : prendre toutes les poules.
Pour les poules : prendre toutes les vipères.
Pour les vipères : prendre tous les renards.

Au signal les animaux sortent de leur camp pour essayer de toucher les animaux qu'ils peuvent prendre.

— les renards peuvent prendre les poules mais se font mordre (prendre) par les vipères.

— les vipères peuvent prendre les renards mais se font manger (prendre) par les poules.

— les poules peuvent prendre les vipères mais se font manger (prendre) par les renards.

Pour prendre il faut toucher le joueur correspondant.

Quand les joueurs sont dans leur camp ils sont invulnérables.

Les animaux pris forment une chaîne à côté du camp ennemi.

Si un joueur de leur camp vient les toucher sans se faire prendre ils sont délivrés.

Un même joueur peut délivrer plusieurs partenaires mais il faut toujours commencer par l'extrémité de la chaîne.

Le jeu s'arrête quand une équipe a tous ses joueurs prisonniers.

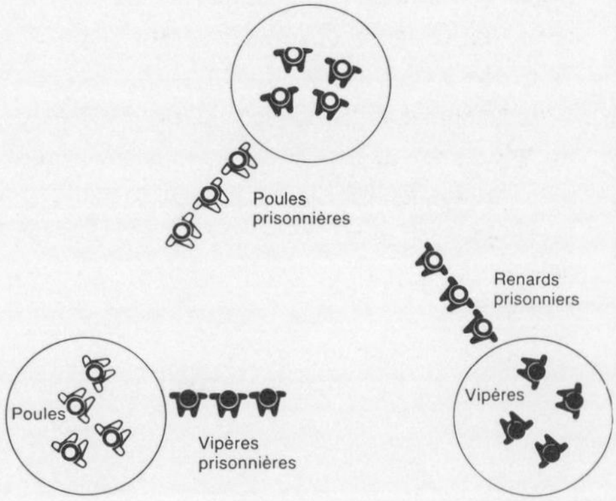

14 LA GALOCHE

POURSUITE

EFFECTIF : 8 à 15 joueurs
AGE : à partir de 8 ans
10 - 14 ans

MATÉRIEL :
1 boîte de conserve 5 kg
1 pierre par joueur.

INTÉRÊT DU JEU :

MAÎTRISE DES RELATIONS (COOPÉRATION - OPPOSITION), maîtrise de l'engin
maîtrise du corps (course)
maîtrise espace-temps.

DÉROULEMENT :

BUT DU JEU : Envoyer quelqu'un en prison ou le délivrer.

A tour de rôle les joueurs visent la gamelle sur laquelle se trouve la pierre du gardien. Avant de lancer leur pierre ils crient "A bas Untel" (ou à bas tous ceux qui portent du bleu...).
Si la gamelle est manquée, le tireur se place à l'extérieur de la zone, à hauteur de l'endroit où sa pierre s'est arrêtée. (Avec des joueurs entraînés, le joueur se place à côté de la pierre).
Si la gamelle est touchée le (s) joueur (s) désigné (s) va (vont) se placer dans la prison.
Quand il y a des joueurs sur le terrain ils peuvent alors ramasser leur pierre et essayer de regagner la base de départ sans être touchés par le gardien qui, avant de les poursuivre, doit redresser la gamelle et placer sa pierre dessus. Le joueur touché devient gardien.
Le tireur revient à la base de départ et pourra rejouer à son tour.
Pour délivrer un joueur prisonnier, un joueur peut dire "Vie à Untel" le joueur n'est délivré que si la gamelle est renversée.
(Le jeu se continue alors comme indiqué précédemment).

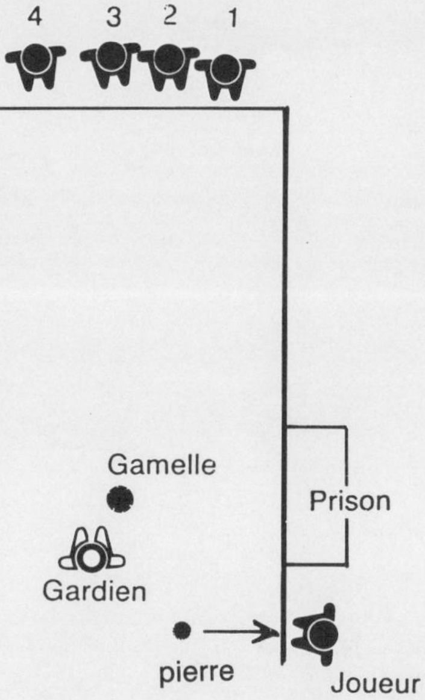

15 GENDARMES ET VOLEURS

POURSUITE

EFFECTIF :
10 à 30 joueurs
2 équipes

AGE :
à partir de 6 ans
8 - 12 ans

FORMATION :
2 équipes.

INTÉRÊT DU JEU :
MAÎTRISE DES RELATIONS : COOPÉRATION - OPPOSITION, maîtrise espace-temps, maîtrise du corps (course).

DÉROULEMENT :
BUT DU JEU : Pour les gendarmes : emprisonner les voleurs.

Les deux équipes sont au centre du terrain. Un joueur de chaque équipe effectue des patelles* pour déterminer le rôle de chaque équipe. L'équipe du vainqueur est par exemple, l'équipe des gendarmes.
Dès que les joueurs connaissent leur rôle ils fuient (les voleurs) ou cherchent à toucher leurs adversaires (les gendarmes).
Les voleurs pris font une chaîne à proximité du camp des gendarmes.
Pour délivrer ses partenaires il suffit qu'un voleur touche l'un des joueurs de la chaîne de prisonniers. Il dit alors "délo" (délivrance).
La partie s'arrête quand tous les voleurs ont été pris.

*Patelles : Les deux joueurs se placent à 4 ou 5 mètres l'un de l'autre. Le premier est tiré au sort ou se désigne en disant "prum" (premier) avant son adversaire. Il place un pied devant l'autre puis c'est à son adversaire. Quand les joueurs sont prêts l'un de l'autre celui dont le pied monte sur celui de son adversaire a gagné.
Les joueurs ont la possibilité de placer le pied perpendiculairement à l'autre ou de faire des pas de fourmis (semelles).

REMARQUES : Dans certaines régions, on "pamelle", ou on "déguille". La patelle est utilisée pour débuter de nombreux autres jeux.

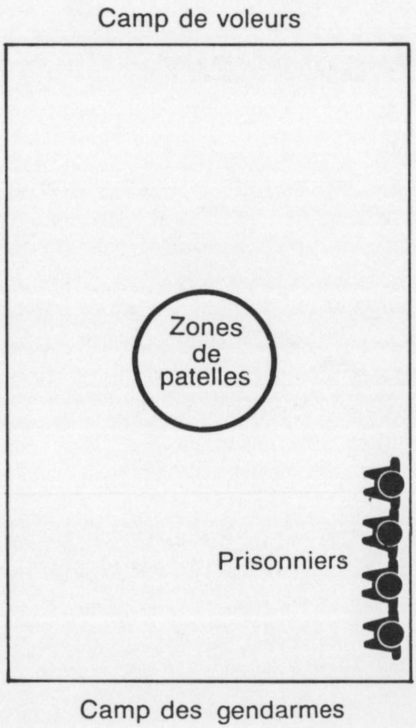

16

RELAIS

RELAIS 3 EPREUVES

EFFECTIF : Plusieurs équipes de 4 à 10 joueurs

AGE : à partir de 6 ans
6 - 8 ans

MATÉRIEL :

en fonction des épreuves choisies.

FORMATION :

plusieurs équipes.

INTÉRÊT DU JEU :

MAÎTRISE DU CORPS, maîtrise espace - temps (vitesse),
opposition entre joueurs et équipes.

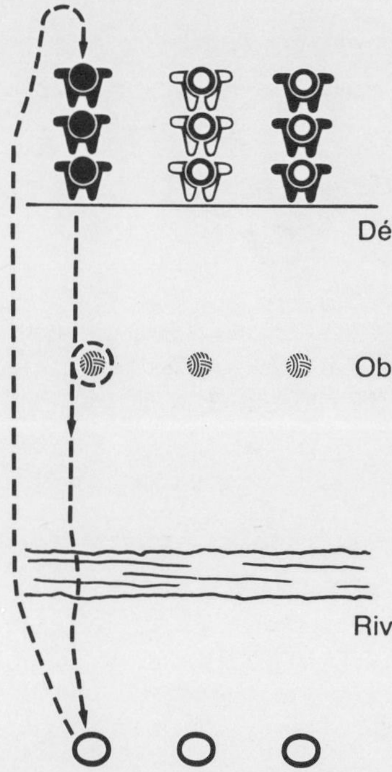

DÉROULEMENT :

BUT DU JEU : Effectuer le parcours plus rapidement que les autres équipes.

Au signal du meneur de jeu, le premier joueur de chaque équipe part :
— tourne autour du premier obstacle
— saute par dessus la rivière (à pieds joints ou pas)
— pénètre dans le cerceau et le fait remonter le long de son corps, le repose... et revient se placer **directement** derrière le dernier joueur de son équipe. Il frappe l'épaule de l'autre de celui-ci qui transmet de la même façon... jusqu'au joueur placé devant qui part à son tour.

REMARQUES :

— On peut varier à l'infini la nature des "trois épreuves". Eviter quand on le peut d'utiliser des enfants pour constituer les obstacles (passer entre les jambes...). ce rôle étant dépourvu de tout intérêt pour le "joueur" en question.
— L'arbitrage du relais passé d'épaule en épaule étant "délicat" on peut aussi faire passer le relais directement, le joueur qui arrive vers son équipe tapant dans la main tendue du 1er joueur de la file.
— On peut aussi matérialiser le "témoin" par un foulard.

17 RELAIS SLALOM RELAIS LEGUMES

RELAIS

EFFECTIF : 20 à 40 joueurs
AGE : à partir de 6 ans
8 - 12 ans

FORMATION : Equipes en ligne, joueurs assis en tailleur à 1 m de distance environ. Les joueurs d'un même rang ont un nom de légume. Devant chaque équipe un obstacle à contourner.

INTÉRÊT DU JEU :

MAÎTRISE DU CORPS (COURSE), maîtrise espace-temps, opposition entre joueurs et équipes.

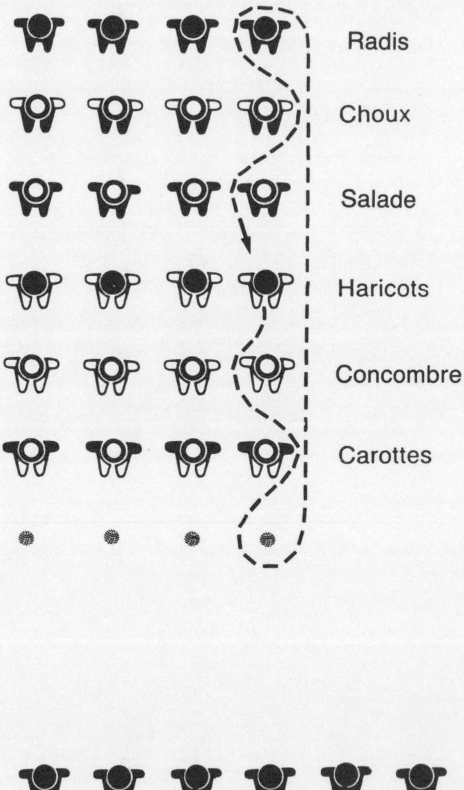

DÉROULEMENT :

BUT DU JEU : Effectuer le parcours plus rapidement que les adversaires.

Le meneur appelle les "haricots".
Ces joueurs se lèvent et, en slalomant entre leurs partenaires, vont contourner l'obstacle placé devant leur équipe, vont **directement** contourner le dernier de l'équipe, rejoignent leur place en slalomant et s'asseoient en tailleur.
Le premier assis fait marquer un point à son équipe.

VARIANTES :

RELAIS DEBOUT - COUCHÉ

1re forme
Même disposition, joueurs debout.
Le joueur appelé part en slalom. Quand il contourne l'obstacle placé devant son équipe il crie "couchez-vous" les joueurs se couchent, perpendiculairement à la course du joueur qui enjambe ses partenaires jusqu'au dernier de la file. Il crie alors "levez-vous" et revient en slalom jusqu'à sa place.

2e forme
Un ballon est en A.
Au signal il passe de main en main jusqu'en B. Le joueur crie "couchez-vous". Il ramène le ballon en A en enjambant ses partenaires. Le ballon repasse de main en main jusqu'en B, etc... L'équipe gagnante est celle dont tous les joueurs ont effectué le parcours.

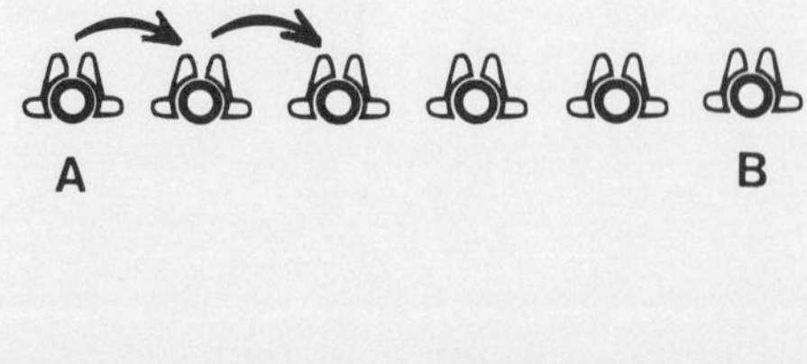

18

RELAIS

RELAIS KANGOUROU

EFFECTIF : 10 à 30 joueurs en équipe

AGE : à partir de 6 ans
8 - 10 ans

MATÉRIEL :
Un ballon par équipe.

INTÉRÊT DU JEU :

MAÎTRISE DU CORPS, maîtrise espace temps (vitesse),
opposition entre joueurs et équipes.

DÉROULEMENT :

BUT DU JEU : Effectuer le parcours plus rapidement que les autres équipes.

Le premier joueur de chaque équipe part, un ballon coincé entre les pieds. Par sauts successifs il atteint l'obstacle placé devant son équipe.
Il prend alors le ballon sous le bras et le ramène au 2e qui part à son tour, etc...
REMARQUE : Le retour peut se faire de différentes façons : en dribblant avec le ballon, en le faisant rebondir au sol, etc...

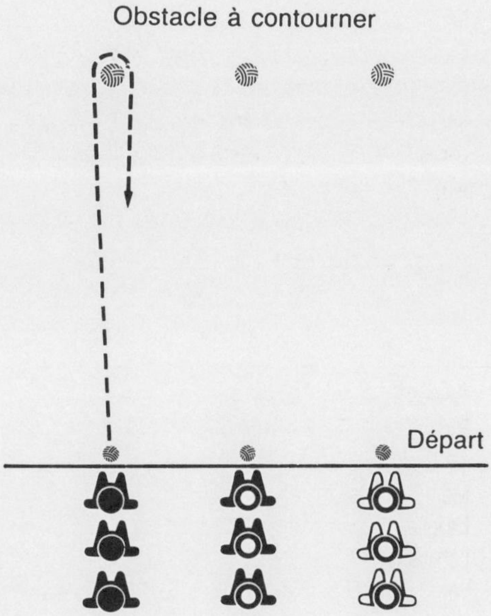

19 RELAIS TROIS RONDS TROIS OBJETS

RELAIS

EFFECTIF : 10 à 20 joueurs
2 équipes

AGE : à partir de 5 ans
6 - 8 ans

FORMATION :
2 équipes.

MATÉRIEL :
3 objets (cailloux par exemple) par équipe.

INTÉRÊT DU JEU :
MAÎTRISE DU CORPS, maîtrise espace - temps (vitesse),
opposition entre joueurs et équipes.

DÉROULEMENT :
BUT DU JEU : Effectuer le parcours plus rapidement que les adversaires.

Le premier joueur de chaque équipe prend un objet et le dépose dans le premier rond. Il revient à la base prend le 2e objet, le dépose dans le 2e rond. Il revient une nouvelle fois à la base, prend le 3e objet et le dépose dans le 3e rond. Il revient alors à la base passer le relais au 2e joueur. Le 2e va au 1er rond ramène l'objet, va au 2e rond, etc...

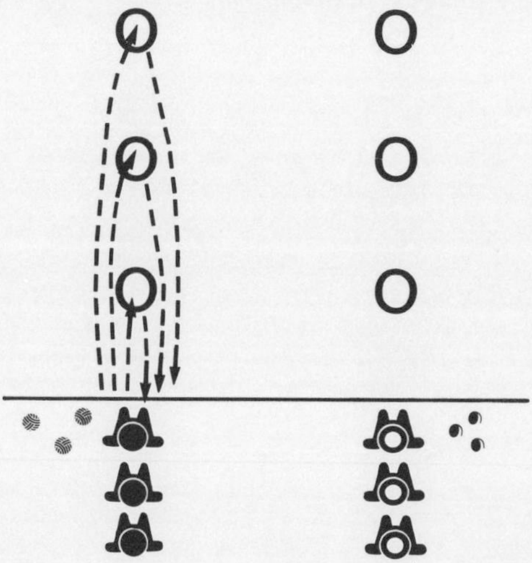

20 LE RELAIS SNCF

RELAIS

EFFECTIF : 10 à 30 joueurs en équipes

AGE : à partir de 6 ans
8 - 12 ans

INTÉRÊT DU JEU :

COOPÉRATION, maîtrise du corps, opposition entre équipes.

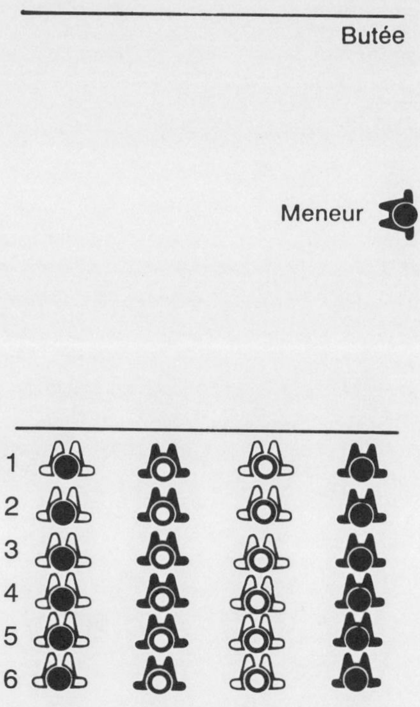

DÉROULEMENT :

BUT DU JEU : Réaliser l'épreuve plus rapidement que les autres équipes.

Les joueurs sont en équipe derrière une ligne. Au signal le n° 1 de chaque équipe court en direction de la butée puis retourne chercher le n° 2 avec lequel il effectue le même trajet (en se tenant par la main) : au retour le n° 3 "accroche le train", etc... A chaque passage il suffit qu'un des joueurs du train touche la butée.

REMARQUE : L'intérêt du jeu réside dans la prise de conscience d'appartenir à une équipe. Après quelques expériences les équipes trouveront des tactiques leur permettant d'aller plus vite.

21 BERET BALLON

RELAIS

EFFECTIF : 2 équipes de 6 à 12 joueurs

AGE : à partir de 8 ans
8 - 14 ans

MATÉRIEL :
2 ballons
Foulards.

INTÉRÊT DU JEU :

MAÎTRISE DE L'ENGIN (adresse), jeu d'opposition.

FORMATION : Les équipes A et B sont sur la ligne de départ. Les joueurs sont côte à côte, face aux points J1 et J2.
Les joueurs de chaque équipe reçoivent un numéro comme au jeu classique du béret.

DÉROULEMENT :

BUT DU JEU : Pour chaque joueur appelé, rentrer le premier dans son camp.

Le meneur de jeu appelle un numéro. Le joueur de l'équipe A et celui de l'équipe B portant ce numéro, courent ramasser leur ballon respectif et reviennent en J1 et J2. Au moment où ils saisissent le ballon les autres joueurs s'élancent et forment un cercle autour du joueur appelé. Ce dernier envoie alors le ballon à un joueur du cercle, qui le renvoie. Il passe au 2e joueur, etc...
Quand tous les joueurs ont reçu le ballon, chacun retourne dans son camp pendant que les joueurs qui sont au centre vont **replacer** le ballon en B1 et B2.
La première équipe rentrée au complet (ballon à sa place) marque 1 point. La partie se joue en 5 ou 10 points.

REMARQUES : Le diamètre du cercle est laissé à l'initiative des équipes mais ne peut être inférieur à 2 mètres.
On peut bloquer la balle ou la renvoyer sans blocage.

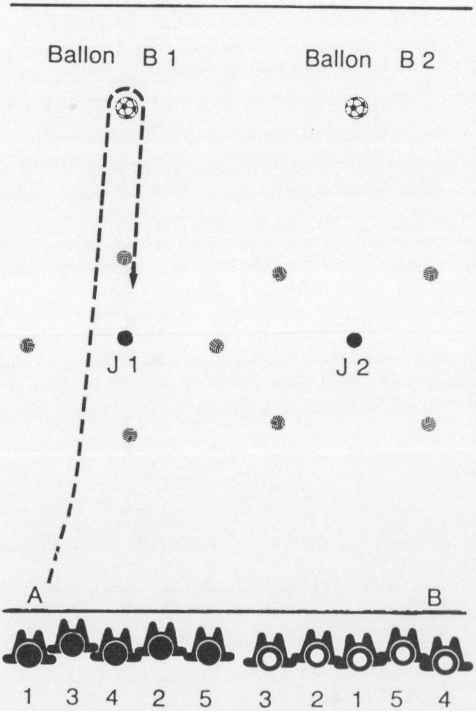

22

RELAIS

LE GARÇON DE CAFE

EFFECTIF : 12 à 20 joueurs en équipes

AGE : à partir de 8 ans
8 - 12 ans

MATÉRIEL : Par équipe, un récipient contenant de l'eau, une assiette, un gobelet, une bouteille.

INTÉRÊT DU JEU :

MAÎTRISE DU CORPS (COURSE - ÉQUILIBRE), opposition entre équipes, adresse.

DÉROULEMENT :

BUT DU JEU : Effectuer le parcours plus rapidement que les adversaires.

Le premier joueur de chaque équipe remplit un verre d'eau, le pose en équilibre sur une assiette et effectue le parcours en courant.
Il sert le client (dernier relayeur de l'équipe) qui boit et ramène le verre et l'assiette au joueur n°2.
Le joueur n° 2 fait le parcours, sert le numéro 1 qui est resté près de la table. Ce dernier ramène verre et assiette au numéro 3, etc...
Si un joueur renverse le verre en route il revient à la base de départ, remplit à nouveau le verre et recommence le parcours.

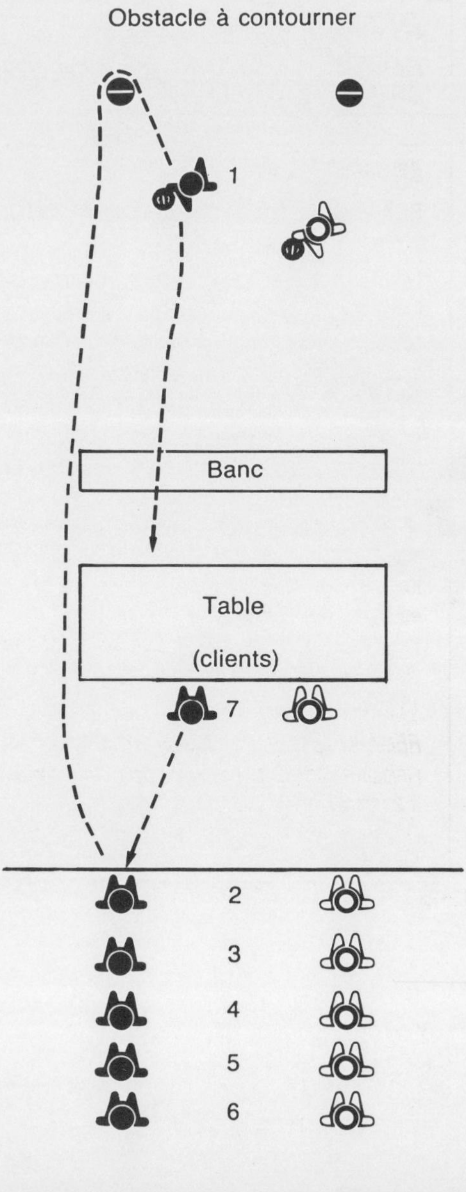

VARIANTES :

Au lieu de servir un client, les joueurs peuvent verser le contenu du verre dans une bouteille.
La première équipe qui a remplit la bouteille a gagné.
Si l'épreuve dure trop longtemps, on peut comparer les hauteurs atteintes.

23 RELAIS ASSIS - DEBOUT

RELAIS

EFFECTIF : 12 à 30 joueurs en équipes

AGE : à partir de 8 ans
8 - 12 ans

INTÉRÊT DU JEU :

MAÎTRISE DE L'ENGIN (adresse), maîtrise du corps, opposition, coopération.

DÉROULEMENT :

BUT DU JEU : Effectuer l'épreuve plus rapidement que les autres équipes.

Le lanceur envoie la balle à 1 qui la renvoie et s'accroupit.
Le lanceur envoie la balle à 2 qui la renvoie et s'accroupit, etc...
Quand 6 s'est accroupi il se relève et reçoit une 2e fois le ballon. Il l'envoie au lanceur qui la renvoie à 5 qui s'est relevé, etc...

MATÉRIEL :

1 ballon par équipe.

FORMATION :

Joueurs en 2 (3 ou 4) files et un lanceur à 2 m environ devant chaque file.

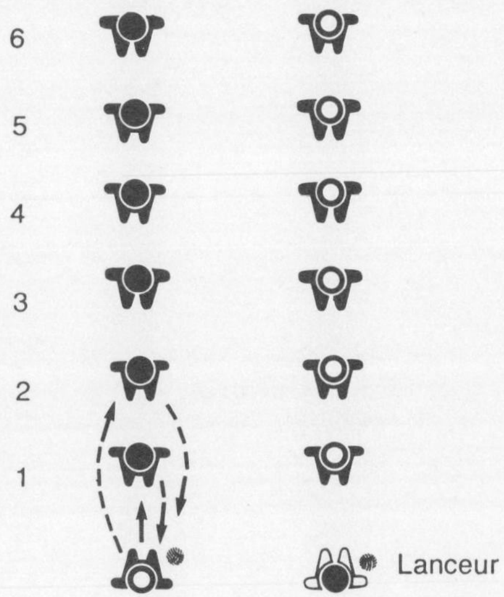

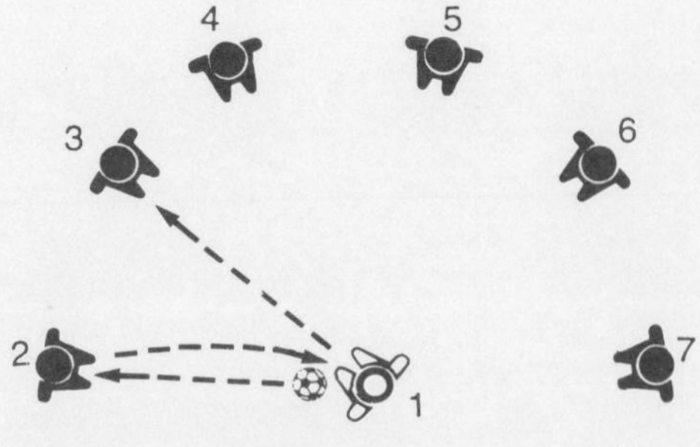

VARIANTE :

PASSE BALLON EN ÉVENTAIL
Equipes en demi-cercle
Au signal 1 vient au centre envoie la balle successivement à tous ses partenaires et va se mettre à côté de 7. 2 vient au milieu, etc...

REMARQUE :

Excellente préparation à certains sports collectifs.

24 LE RELAIS GODICHE

RELAIS

EFFECTIF : 10 à 20 joueurs en 2 équipes

AGE : à partir de 8 ans
8 - 12 ans

MATÉRIEL :
Des foulards.
2 quilles.

INTÉRÊT DU JEU :

MAÎTRISE DU CORPS, maîtrise espace - temps (vitesse), opposition entre 2 équipes.

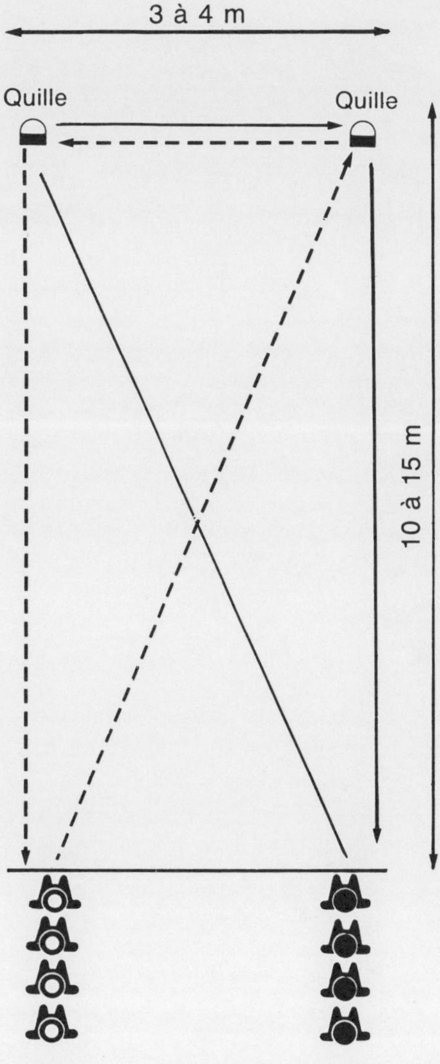

DÉROULEMENT :

BUT DU JEU : Réaliser le parcours plus rapidement que l'adversaire.

Au signal du meneur, le n° 1 de chaque équipe se précipite vers la quille de l'équipe adverse pour la renverser.
Lorsque le joueur arrive à sa quille avant que celle-ci soit renversée, il la brandit et marque trois points.
Dans le cas où les quilles ont été renversées toutes les deux, le gagnant est celui qui rejoint son camp le premier après avoir redressé sa quille (il marque un point).

REMARQUE : Jeu recueilli dans la Région Lyonnaise.

25 BALLON POURSUIVI

RELAIS

EFFECTIF :
10 à 20 joueurs
2 équipes

AGE :
à partir de 8 ans
8 - 14 ans

MATÉRIEL :
1 ballon.

FORMATION :
2 équipes : les lanceurs, les coureurs.

INTÉRÊT DU JEU :
MAÎTRISE ENGIN (LANCER) MAÎTRISE DU CORPS (COURSE), maîtrise espace - temps,
jeu d'opposition entre équipes.

DÉROULEMENT :

BUT DU JEU : Réaliser l'épreuve plus rapidement que l'autre équipe.

Les joueurs de chaque équipe, numérotés de 1 à 5, sont alignés de part et d'autre du milieu de la base de départ. Le lanceur n° 1 a le ballon en main. Le coureur n° 1 a un pied sur la ligne de séparation entre les deux équipes.

Au signal le lanceur envoie le ballon le plus loin possible sur le terrain, cède sa place au n° 2 et va se placer derrière le n° 5.

Le coureur doit aller chercher le ballon le plus rapidement possible et le passer à la main au lanceur n° 2. Le meneur de jeu compte alors : 1.2.3. et le 2e lanceur peut envoyer le ballon.

Quand tous les joueurs sont passés on inverse les rôles. Le chronométrage indique le vainqueur.

REMARQUE :

Pour le lanceur du ballon il n'y a pas de limite dans le sens de la longueur, par contre le lanceur doit envoyer le ballon entre les lignes AB et CD.

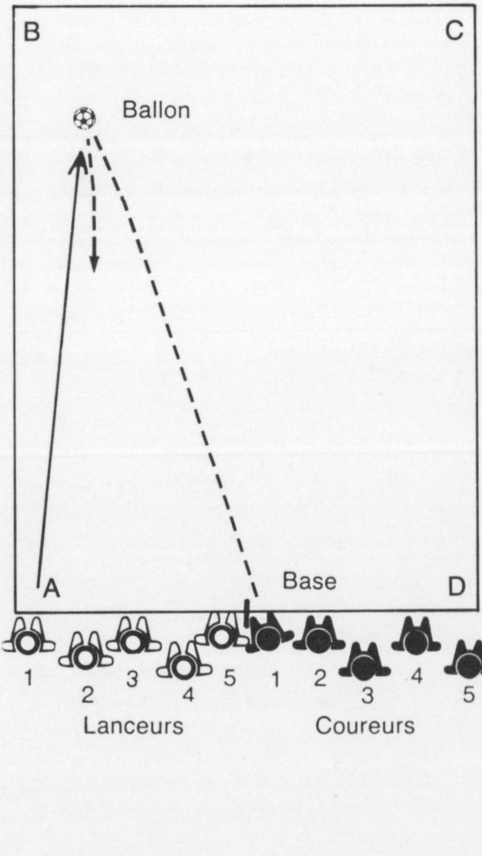

26

RELAIS

LE COURANT ELECTRIQUE

EFFECTIF : 10 à 30 joueurs en équipe

AGE : à partir de 6 ans
6 - 10 ans

INTÉRÊT DU JEU :

COOPÉRATION, maîtrise du corps (réflexe), opposition entre équipes.

DÉROULEMENT :

BUT DU JEU : Faire passer le courant le plus vite possible.

Le meneur de jeu fait face aux derniers. Lorsqu'avec ses doigts il forme un numéro pair ou un nombre déterminé préalablement, le courant passe. Dès qu'il arrive au joueur de tête celui-ci lève la main ou émet un signal décidé à l'avance.
Un point est marqué par une équipe quand elle fait passer le courant plus rapidement que les autres. Un point lui est enlevé si elle fait passer le courant par erreur.
REMARQUE : Au bout de quelques tours, changer le dernier joueur de place.

VARIANTE :

2 équipes seulement
Les joueurs se donnant la main derrière le dos, peuvent être en demi cercle autour du meneur. C'est ce dernier qui fait partir le courant.
Quand les équipes sont nombreuses on peut mettre sur le parcours un moteur (quand le courant passe il se met en marche), une sonnette...

AUTRE VARIANTE :

même disposition en 2 équipes
Le dernier joueur X tient une ficelle à laquelle est attachée un bouchon. Le dernier joueur O tient un gobelet.
Lorsque le courant parvient au dernier X, il tire la ficelle.
Lorsque le courant parvient au dernier O il coiffe le bouchon.
Celui qui réussit marque un point. La partie peut se jouer en cinq points. On change de rôle.

FORMATION :

Par équipe, les joueurs sont assis en tailleur, en file indienne, et se donnent la main. Le dernier de chaque équipe tourne le dos à son équipe.
Pour envoyer le courant, on serre la main d'un joueur, qui serre la main de son voisin, etc...

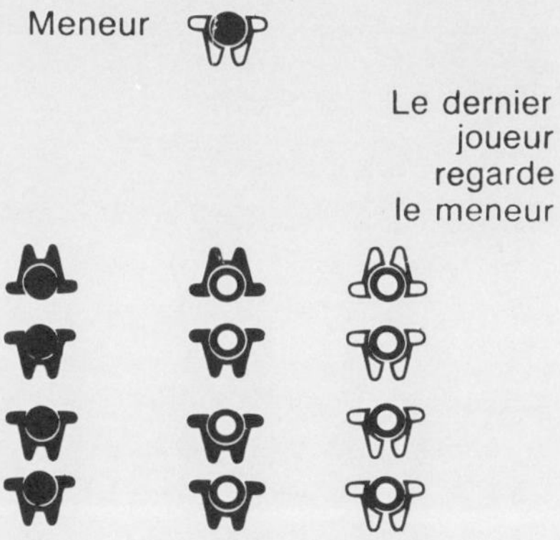

Les joueurs tournent le dos au meneur

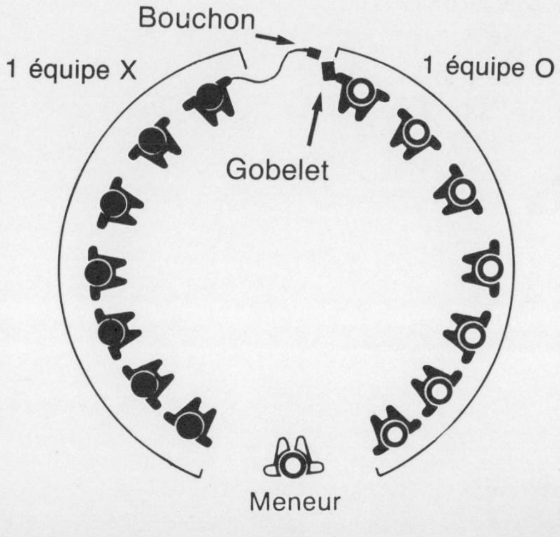

27

RELAIS

RELAIS DACTYLO

EFFECTIF :
10 à 30 joueurs
2 équipes

AGE :
à partir de 8 ans
8 - 12 ans

FORMATION :
Equipes en ligne.

INTÉRÊT DU JEU :
MAÎTRISE DU CORPS, opposition entre équipes.

DÉROULEMENT :
BUT DU JEU : Passer le mot au premier joueur plus rapidement que les autres équipes.

Le meneur placé derrière les équipes montre un mot au dernier joueur de chaque équipe.
Il y a deux façons de jouer le jeu :
— Le dernier joueur traduit chaque lettre en nombre (A = 1, B = 2) et fait passer chaque lettre en tapant sur l'épaule du joueur placé devant lui le nombre de coups correspondants. Le premier joueur transforme les nombres en lettres et écrit le mot.
— Le dernier joueur dessine avec un doigt chaque lettre dans le dos du joueur placé devant lui, ainsi de suite jusqu'au premier qui doit écrire le mot.

REMARQUE : Ce jeu est une variante du jeu du téléphone (le mot ou la phrase passe de bouche à oreille jusqu'au premier joueur).

28 LA POURSUITE DES BALLONS

RELAIS

EFFECTIF :
10 à 15 joueurs
2 équipes

AGE :
à partir de 4 ans
4 - 6 ans

MATÉRIEL :
2 ballons.

FORMATION :
Equipes placées sur un cercle, joueurs intercalés.

INTÉRÊT DU JEU :
MAÎTRISE D'ENGIN, coopération, opposition entre deux équipes.

DÉROULEMENT :
BUT DU JEU : Pour chaque équipe faire progresser le ballon le plus vite possible et essayer de rattraper le ballon des adversaires.

Le joueur O1 tient un ballon. Le joueur X1, diamétralement opposé à O1, tient l'autre ballon.
Au signal, O1 passe son ballon à O2 qui le passe à O3, etc...
En même temps X1 passe à X2, etc...
Les joueurs n'ont pas le droit de gêner la progression du ballon adverse.
L'équipe dont le ballon a rattrapé le ballon adverse a gagné.

REMARQUES : Si un ballon tarde à rattraper l'autre, on peut au signal "changez" faire tourner les ballons en sens inverse.
On peut aussi dire "stoppez" et attribuer le point à l'équipe dont le ballon a progressé le plus vite.
— suivant l'âge des enfants on peut éloigner plus ou moins les joueurs. On peut aussi varier la façon de passer le ballon (en cloche, avec rebond...).
— avec de jeunes enfants il est intéressant de donner un signe distinctif aux joueurs d'une même équipe (foulard, bande de crépon nouée au poignet...).

29 PASSAGE DU GUE

RELAIS

EFFECTIF : 10 à 20 joueurs en équipes

AGE : à partir de 6 ans
6 - 8 ans

MATÉRIEL :

Pierres, briques ou petites planches ou boîtes de conserve.

INTÉRÊT DU JEU :

MAÎTRISE DU CORPS (équilibre), opposition entre équipes.

DÉROULEMENT :

BUT DU JEU : Effectuer le parcours plus rapidement que les autres équipes.

Au signal du meneur de jeu, le premier joueur de chaque équipe doit aller sur l'autre rive puis revenir en utilisant les briques.
Il ne doit pas poser un pied ou une main dans "l'eau". S'il le fait il revient sur la rive et recommence.

REMARQUE : Avec des plus jeunes (ou lorsque les équipes sont nombreuses), répartir les joueurs de chaque équipe de part et d'autre de la rivière.

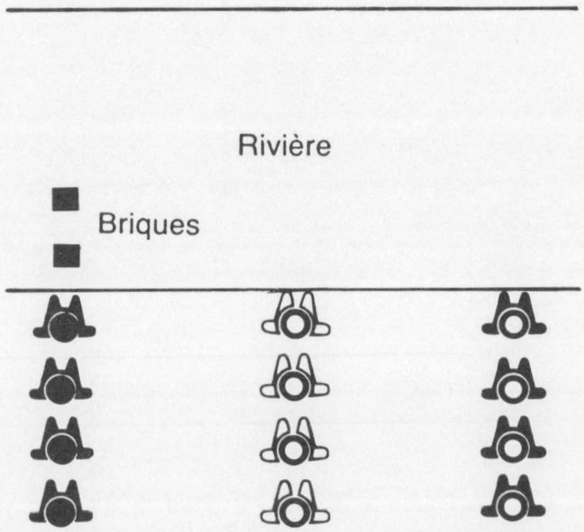

30 RELAIS TUNNEL

RELAIS

EFFECTIF : 12 à 30 joueurs en 2 équipes

AGE : à partir de 4 ans
4 - 8 ans

INTÉRÊT DU JEU :

MAÎTRISE DU CORPS, maîtrise du ballon, opposition entre équipes.

DÉROULEMENT :

BUT DU JEU : Effectuer l'épreuve plus rapidement que les autres équipes.

Le premier joueur de chaque équipe a le ballon. Au signal il l'envoie dans le tunnel jusqu'au dernier joueur qui s'en saisit, vient se placer au dos du premier joueur, envoie à son tour le ballon, etc...
Si le ballon se coince dans le tunnel les joueurs du tunnel peuvent le pousser.
S'il sort sur un côté du tunnel c'est le premier joueur qui doit aller le récupérer et le relancer.
Lorsque tous les joueurs sont passés, l'équipe a gagné.

MATÉRIEL :

1 ballon par équipe.

FORMATION :

Equipes en ligne, les joueurs ont les jambes écartées formant un tunnel.

VARIANTES :

1°) Le ballon passe, de main en main au dessus des têtes.
2°) Le ballon passe sur la tête du 1er joueur, entre les jambes du second, etc... (relais dessus-dessous).
3°) Jeu de plage (ou de pelouse). Le 1er joueur fait passer le ballon par dessus sa tête au deuxième, qui le passe au troisième, etc... Quand le dernier joueur a le ballon il rampe sous le tunnel. Il pousse le ballon devant lui. Arrivé devant le tunnel il se redresse passe le ballon sur sa tête, etc...

31 BALLON CHRONOMETRE

RELAIS

EFFECTIF : 10 à 30 joueurs
2 équipes

AGE : à partir de 6 ans
6 - 10 ans

MATÉRIEL :

1 ballon.

FORMATION :

Une équipe en cercle (le chronomètre). Une équipe en ligne (les coureurs).

INTÉRÊT DU JEU :

***MAÎTRISE DU CORPS (course autour d'un cercle), MAÎTRISE DE L'ENGIN,
coopération
opposition entre 2 équipes.***

DÉROULEMENT :

BUT DU JEU : Effectuer le parcours plus rapidement que l'autre équipe.

Au signal du meneur, le joueur × 1 s'élance autour du cercle, vient passer le relais à × 2... jusqu'à ce que tous les coureurs aient faient le tour du cercle.
Pendant ce temps le ballon qui va de O1 à O2, etc... sert à chronométrer la course.
Chaque fois qu'il passe dans les mains du joueur 01 on ajoute une heure.
Quand tous les coureurs sont passés les équipes changent de rôle.

REMARQUE : Les conditions de jeu devant être les mêmes au cours des deux manches, on devra mettre en place des marquages au sol.

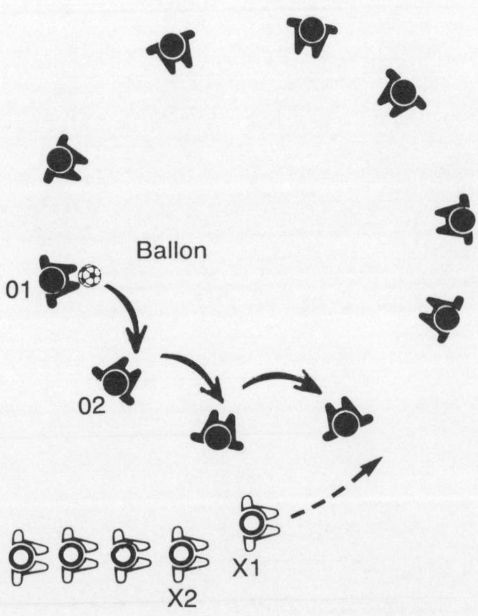

32

APPROCHE
ORIENTATION

LA PRINCESSE PRISONNIERE

EFFECTIF : 3 à 15 joueurs
AGE : à partir de 6 ans
6 - 8 ans

INTÉRÊT DU JEU :

MAÎTRISE DU CORPS (attention - réflexe), perception de l'espace, jeu d'opposition.

DÉROULEMENT :

BUT DU JEU : Délivrer la princesse en lui enlevant les foulards.
Au signal du meneur de jeu un joueur se lève et tente de délivrer la princesse. S'il est touché par le soldat il retourne à sa place et le meneur désigne un nouveau joueur.
Le soldat doit toujours toucher la chaise ou la prisonnière.

MATÉRIEL :

1 chaise.
3 foulards.

FORMATION : Les enfants sont assis en demi-cercle. Au centre, assise sur une chaise une princesse est prisonnière : elle a les mains derrière le dossier de la chaise, liées par un foulard (un seul nœud). Ses pieds joints sont aussi attachés par un foulard (un seul nœud également). La princesse est gardée par un soldat aveugle (yeux bandés).

VARIANTES :

MEDOR ET SON OS
Un joueur est au centre d'un cercle, assis en tailleur, c'est Médor.
Devant lui se trouve un os (foulard roulé en boule).
Au signal du meneur de jeu un joueur essaie de venir prendre l'os sans faire de bruit. Dès qu'il entend des bruits, Médor tend le bras dans la direction du bruit. S'il désigne la direction où se trouve le voleur, celui-ci retourne à sa place. On peut donner trois chances au "chien".

L'APPROCHE DU RÉVEIL
Les yeux bandés, venir poser une pièce le plus près possible d'un réveil, sans le toucher.

REMARQUE : Ces jeux nécessitent un grand silence et provoque une tension importante dans le groupe.

33

APPROCHE ORIENTATION

LES FUSÉES TELEGUIDEES

EFFECTIF : 4 à 10 joueurs
2 équipes

AGE : à partir de 6 ans
6 - 8 ans

FORMATION : Sur le sol des lignes parallèles distantes d'un mètre environ ont été tracées à 4 ou 5 m d'une ligne de départ.

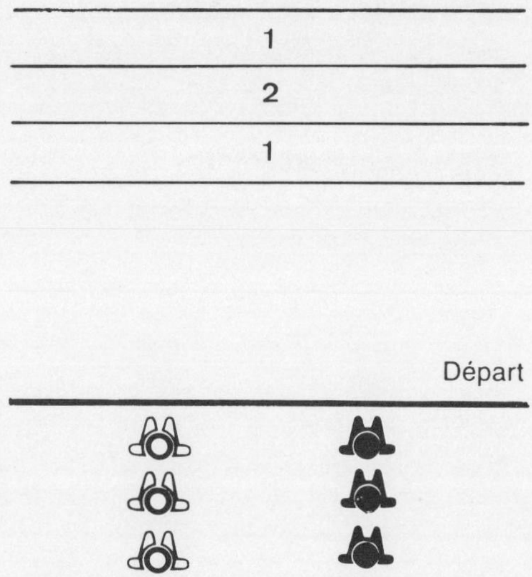

INTÉRÊT DU JEU :

PERCEPTION ET MAÎTRISE DE L'ESPACE.

DÉROULEMENT :

BUT DU JEU : En partant de la ligne de départ s'arrêter dans la zone délimitée par les lignes et marquer le plus de points possibles.

Les joueurs ont les yeux bandés.
Au signal, un joueur de chaque équipe s'avance vers les lignes.
Quand il pense être dans la zone 2 il s'arrête.
Exiger le silence des deux équipes afin que le joueur aveugle ne soit ni aidé, ni trompé.

RÈGLE DU JEU : Le joueur qui a les deux pieds dans la zone 2 fait marquer 2 points à son équipe (deux pieds dans la zone 1 = 1 point. Un pied dans la zone 2, un pied sur la ligne = 1 ou 2 points suivant la convention de départ, etc...).

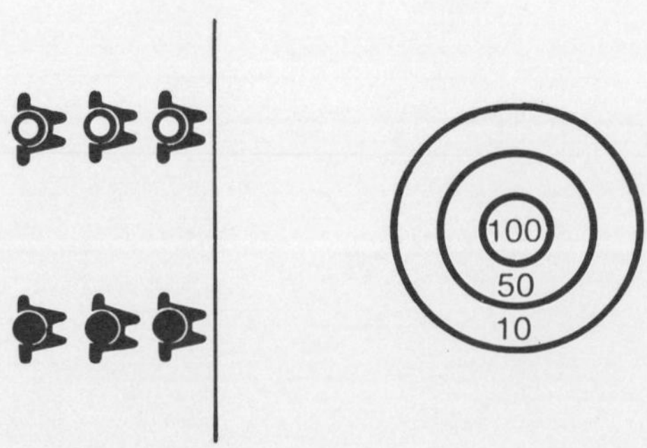

VARIANTES :

1°) LA CIBLE : on peut remplacer les lignes par une cible (peut alors se jouer sans équipe)
2°) LE RADAR : on fait guider le joueur par un radar qui a la possibilité de donner trois ordres au maximum.
3°) LES ASTÉROÏDES : Il existe également une variante avec des astéroïdes, une cible et deux fusées aveugles commandées tour à tour par un ingénieur au sol. L'ingénieur A donne un ordre, il est exécuté par sa fusée, puis c'est au tour du couple B et ainsi de suite jusqu'à ce que la cible soit atteinte, sans toucher un astéroïde.

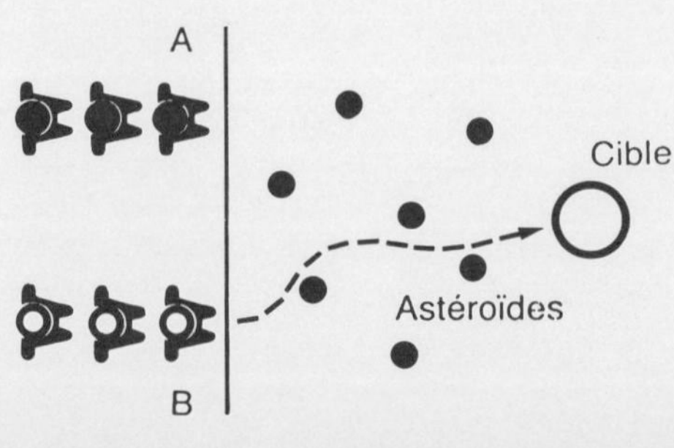

34 L'ANE A FERRER

APPROCHE ORIENTATION

EFFECTIF : 6 à 20 joueurs
AGE : à partir de 6 ans
6 - 8 ans

MATÉRIEL : 2 chaises, 2 foulards, chaussures, ou mieux couvercles de boîtes à fromages ou anneaux.

INTÉRÊT DU JEU :

PERCEPTION ET MAÎTRISE DE L'ESPACE, jeu d'opposition.

FORMATION : Jeu en rond
Joueurs assis en cercle. Deux chaises figurent les ânes. 7 ou 8 couvercles qui sont les fers de l'âne.

DÉROULEMENT :

BUT DU JEU : Pour les deux volontaires, ferrer l'âne (en plaçant un couvercle sous chaque pied) avant l'adversaire.

Les deux joueurs ont reconnu leur âne à une particularité (foulard noué à un endroit précis de la chaise). Les yeux bandés ils partent à la recherche des fers disséminés dans le cercle. Lorsqu'un joueur trouve un fer il doit retrouver son âne et le chausser. Il ne peut porter qu'un fer à la fois.

Un joueur peut aller dérober les fers (un par un) qui sont déjà placés sous l'âne adverse sauf si le propriétaire de l'âne est assis sur ce dernier.
Les joueurs n'ont pas le droit de prendre un fer dans les mains de l'adversaire.

REMARQUE : La formation en cercle est importante car, en limitant l'aire où se déplacent les deux joueurs, elle les sécurise.

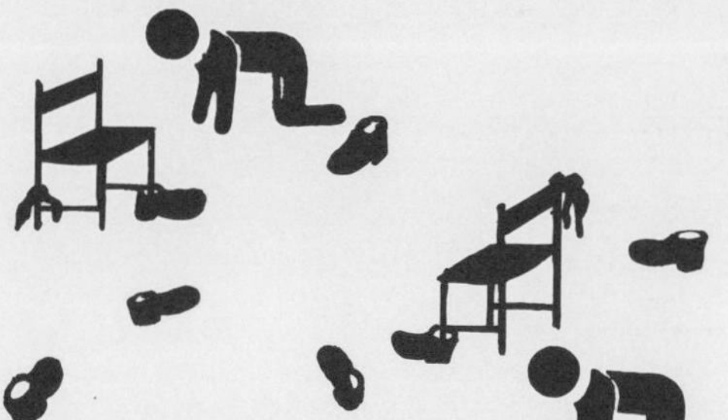

35 LES MENDIANTS AVEUGLES

APPROCHE
ORIENTATION

CINQ QUARTS - SIX CLOUS

EFFECTIF : 4 à 10 joueurs
AGE : à partir de 6 ans
8 - 10 ans

MATÉRIEL : 1 foulard.
1 gobelet (ou pot de yaourt vide) par joueur.
Cailloux.

INTÉRÊT DU JEU :

PERCEPTION ET MAÎTRISE DE L'ESPACE, jeu d'opposition.

FORMATION : Aire de jeu délimitée (chaises - bancs).
Chaque joueur a les yeux bandés. On lui donne un caillou - (un clou).

DÉROULEMENT :

BUT DU JEU : Récupérer un gobelet (un quart).

Les gobelets ont été répartis dans le cercle.
Les joueurs en cherchent un. Dès qu'ils l'ont trouvé ils s'asseoient sur place, mettent le caillou dans le gobelet et agitent ce dernier.
Celui qui n'a pas de gobelet a perdu.
On recommence à jouer en enlevant un gobelet, etc...

36 CHAUD ET FROID

APPROCHE ORIENTATION

EFFECTIF : 2 à 10 joueurs
AGE : à partir de 4 ans
4 - 8 ans

MATÉRIEL :

un objet à cacher.

FORMATION :

- indéterminée
- en cercle s'il y a beaucoup de joueurs.

INTÉRÊT DU JEU :

COOPÉRATION, perception de l'espace, maîtrise du corps (attention - écoute).

DÉROULEMENT :

BUT DU JEU : Découvrir l'objet caché, dans un espace donné, en écoutant les indications données par les autres joueurs.

Un joueur sort du jeu.
Pendant ce temps les autres désignent l'objet à trouver.
Quand le joueur revient ils le guident :
glacé - froid : le joueur est éloigné de l'objet
tiède : le joueur se rapproche
chaud : le joueur est près de l'objet
très chaud - brûlant : le joueur est tout près.

VARIANTE :

LE MUSGUIDAC (la musique guide l'action)

1 - Cette variante permet d'associer un plus grand nombre de joueurs.
Même principe, mais au lieu de dire des indications de groupe chante
— faiblement : correspond à froid
— moyennement : correspond à tiède
— fort ou très fort : correspond à chaud - brûlant.

2 - Au lieu de chercher le joueur doit faire une action simple : s'asseoir, monter sur un banc... S'il y a plusieurs actions à faire, on choisit plusieurs chansons.

REMARQUE : Dans ce dernier cas, il ne s'agit plus d'un jeu de perception de l'espace mais de perception sensorielle.

37

APPROCHE ORIENTATION

LE RADAR MUSICAL

EFFECTIF : 10 à 20 joueurs

AGE : à partir de 6 ans
8 - 10 ans

INTÉRÊT DU JEU :

COOPÉRATION,
maîtrise du corps (attention - réflexe),
perception de l'espace.

DÉROULEMENT :

BUT DU JEU : Le joueur J doit accomplir le parcours sans toucher les obstacles.

Des obstacles variés sont placés sur le terrain. Un joueur les découvre puis on lui bande les yeux. Des radars le guident en chantant.

• Plusieurs possibilités existent :

1°) Quatre radars sont disposés derrière le joueur. Chacun chante une chanson différente (une par avancer, une pour reculer, une pour aller vers la droite, une pour aller vers la gauche).

2°) Les quatre radars sont disposés sur le terrain en fonction de leur rôle : R1 fait avancer, R2 fait reculer, R3 fait aller à gauche, R4 à droite.

Les quatre radars chantent la même chanson.

3°) Six ou sept radars sont désignés en fonction du parcours à effectuer. Ils chantent la même chanson. Le joueur doit avancer vers le radar qui chante.

• Quand le joueur touche un obstacle il est éliminé et remplacé par un autre joueur.

Le joueur ayant un capital de 10 points au départ, on peut aussi enlever un point chaque fois qu'il touche un obstacle.

Avec des joueurs entraînés on peut chronométrer le parcours.

REMARQUE : Au lieu de chanter les radars peuvent utiliser des instruments de percussion ou émettre des bruits divers.

VARIANTES :

Ce jeu peut être joué en équipe de 4 à 8 joueurs.

1) Une équipe désigne des radars qu'elle place où elle veut et des joueurs qui font le parcours.

2) Il y a deux circuits identiques et ce jeu se joue comme un relais.

MATÉRIEL :

1 foulard, objets divers (table, chaise) ou objets naturels (arbres).

FORMATION :

Joueurs en cercle de préférence.

1

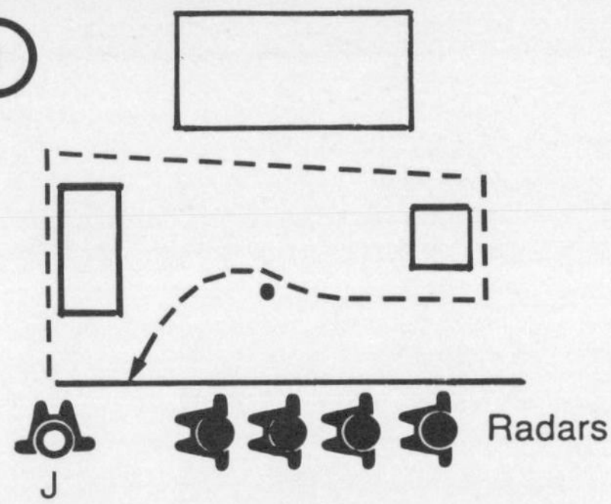

2

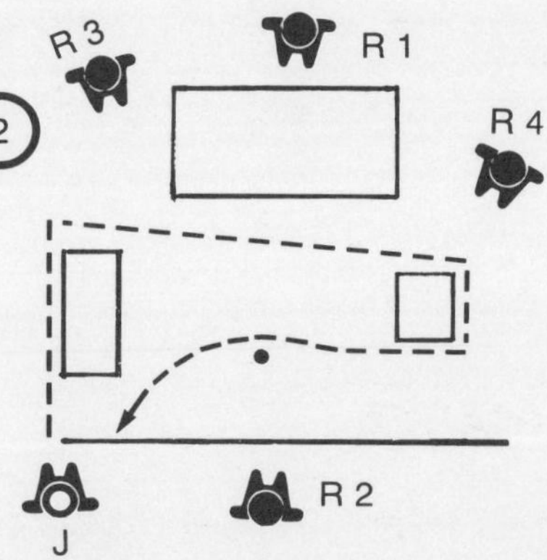

3

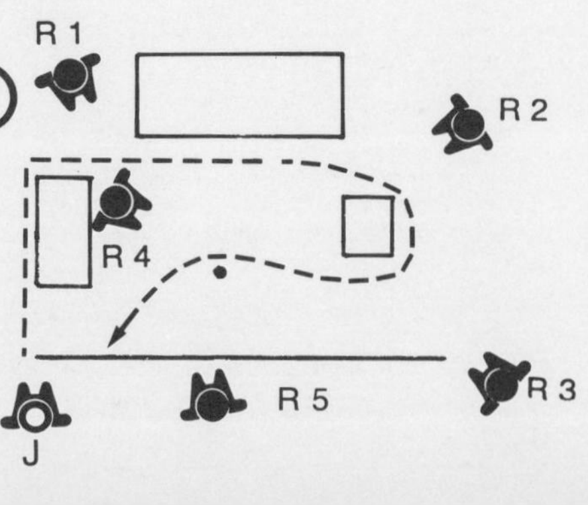

38

APPROCHE
ORIENTATION

1.2.3 SOLEIL

EFFECTIF : 5 à 20 joueurs
AGE : à partir de 4 ans
4 - 8 ans

MATÉRIEL :
Néant.

INTÉRÊT DU JEU :

MAÎTRISE DU CORPS, jeu d'opposition.

DÉROULEMENT :

BUT DU JEU : Toucher le soleil avant les autres joueurs.
Au début du jeu le "soleil" fait face aux autres joueurs. Il se retourne dit "1.2.3. soleil" puis fait à nouveau face aux autres joueurs.
Ces derniers, pendant que le soleil est retourné doivent avancer vers lui et s'immobiliser dès que le soleil les regarde à nouveau.
Le soleil renvoie à la ligne de départ tous ceux qui sont en mouvement au moment où il fait face aux joueurs.
Le premier joueur ayant touché le soleil a gagné.

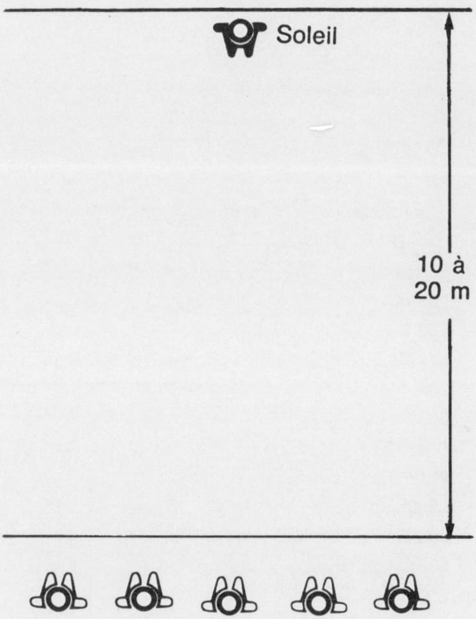

VARIANTE :

M'MAN VEUX-TU ?
Il ne s'agit pas là d'un jeu d'approche, mais d'un jeu "à choisir".
A tour de rôle les joueurs (placés dans la même disposition) interrogent la mère (qui occupe la place du soleil) en disant "M'man veux-tu ? La mère les fait progresser en leur attribuant des pas d'éléphant (un grand pas en avant), de fourmi (une semelle en avant), etc...

39

APPROCHE
ORIENTATION

APPARAISSEZ DISPARAISSEZ

EFFECTIF : 10 à 20 joueurs
AGE : à partir de 4 ans
4 - 10 ans

FORMATION :

Evolution dans une zone qui permet de se cacher.

INTÉRÊT DU JEU :

MAÎTRISE DU CORPS (course - vitesse)
PERCEPTION DE L'ESPACE ET DU TEMPS.

DÉROULEMENT :

BUT DU JEU : Apparaître et disparaître dans un temps donné qui se réduit de plus en plus.

- Le meneur du jeu est au centre de l'aire du jeu. Les joueurs sont autour de lui et le touchent.
- Le meneur compte jusqu'à 15. Tous les joueurs doivent avoir disparu. Ceux qui sont vus sont éliminés.
- Le meneur compte jusqu'à 14. Tous les joueurs doivent se retrouver auprès de lui et de le toucher. Ceux qui arrivent en retard sont éliminés.
- Le jeu continue jusqu'à ce qu'il ne reste qu'un joueur.

REMARQUE : Jeu très actif. Prévoir un moment de repos avant de compter à nouveau. Adapter en fonction de l'âge.

VARIANTES :

1°) Même jeu que précédemment, les joueurs étant divisés en équipes matérialisées par des couleurs. Au lieu d'éliminer, le meneur de jeu attribue des points à l'équipe dont les joueurs sont vus. L'équipe qui a le moins de points a gagné.

2°) POURSUITE D'ALI BABA :
Le meneur (ou un joueur) se déplace. Les autres joueurs suivent en se dissimulant. Ils doivent noter les objets perdus par Ali Baba. Quand ce dernier se retourne il désigne les joueurs non dissimulés qui sont éliminés (ou ont un point de pénalisation).

40
APPROCHE
ORIENTATION

LA SARDINE

EFFECTIF : 5 à 10 joueurs
AGE : à partir de 4 ans
4 - 6 ans

FORMATION :
Evolution dans une zone qui permet de se cacher.

INTÉRÊT DU JEU :
MAÎTRISE DE L'ESPACE, Maîtrise du corps.

DÉROULEMENT :

BUT DU JEU : Découvrir le joueur caché (la sardine).
Lorsque la sardine est cachée, les autres joueurs partent à sa recherche.
Quand un joueur trouve la sardine, il s'accroupit à côté d'elle sans rien dire, et si possible sans se faire voir des autres joueurs.
Le dernier à découvrir la sardine prend sa place.

REMARQUES : Choisir un lieu riche et bien délimité (c'est la taille et la variété du terrain qui conditionneront l'intérêt de la partie).
Bien choisir l'enfant qui acceptera de se cacher seul (si possible c'est un animateur qui joue le rôle de la sardine) et l'aider dans le choix de sa cachette.
Bien connaître le terrain.

41
APPROCHE
ORIENTATION

LA GAMELLE

EFFECTIF : 10 à 30 joueurs
AGE : à partir de 8 ans
8 - 14 ans

MATÉRIEL :
Une gamelle (boîte de conserve vide de 5 kg).

INTÉRÊT DU JEU :
PERCEPTION DE L'ESPACE ET DU TEMPS,
maîtrise du corps (course - vitesse), coopération

DÉROULEMENT :
BUT DU JEU : Pour le gardien : découvrir tous les joueurs cachés. Pour les joueurs arriver à frapper dans la gamelle avant le gardien.

Une gamelle est placée au centre de l'aire de jeu, dans un cercle de 4 m de diamètre environ : Tous les joueurs sont dans ce cercle. Le gardien compte jusqu'à 20 (ou 30 ou 50) pendant que les joueurs s'éloignent et se cachent.
Quand le gardien - qui tient un bâton à la main - a fini de compter, il part à la recherche des joueurs cachés. Quand il en découvre un, il se désigne et doit venir frapper la gamelle avec son bâton, avant le joueur nommé.
Les joueurs vus se placent dans la prison. Si un joueur réussit à frapper dans la gamelle sans avoir été nommé ou si, ayant été nommé il atteint la gamelle avant le gardien, il peut se cacher à nouveau ainsi que les prisonniers pendant que le gardien va récupérer la gamelle et la rapporte à sa place.
Si personne ne réussit à frapper dans la gamelle avant que tous les prisonniers aient été vus, le premier vu devient gardien.

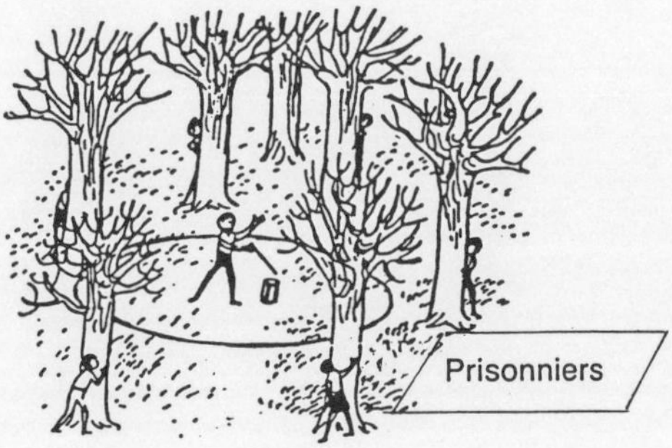

42
APPROCHE
ORIENTATION

DOUANIERS ET CONTREBANDIERS

EFFECTIF : 10 à 15 joueurs
AGE : à partir de 8 ans
8 - 14 ans

INTÉRÊT DU JEU :

JEU D'OPPOSITION, perception de l'espace et du temps, maîtrise du corps.

MATÉRIEL :

papiers de couleurs (messages).

FORMATION :

Terrain boisé.
Une équipe de défenseurs, deux équipes d'attaquants, foulard dans le dos. Au centre de l'aire de jeu un camp arrivée. Un cercle de 50 mètres de diamètre environ délimite une zone d'attaque..

DÉROULEMENT :

BUT DU JEU : Pour les défenseurs : empêcher les attaquants de passer en leur prenant le foulard. Pour les attaquants : pénétrer dans le camp arrivée sans se faire prendre.

Les attaquants obtiennent dans le camp de départ un message (de couleur différente suivant leur équipe) et doivent le porter dans le camp arrivée.

Chaque message arrivé dans le camp fait marquer un point à son équipe.

La partie se joue en trois manches, chaque équipe jouant tour à tour le rôle de défenseur.

L'attaquant pris, échange son message contre un foulard (sa vie).

Un attaquant ayant porté son message au camp arrivée peut repartir en chercher un second. Pour franchir la zone d'attaque, il brandit alors son foulard au dessus de sa tête, il est invulnérable.

Les défenseurs ne peuvent pas sortir de la zone d'attaque.

REMARQUES :

On peut remplacer les messages par des lettres de diamino. A la fin de chaque manche, les défenseurs et les attaquants essaient de former le plus grand nombre de mots avec les lettres prises ou poussées, selon le principe du diamino :

```
    B
D I A M I N O
    T   L
    E V E
    A
    U
```

L'équipe qui a constitué le plus grand nombre de mots à la fin des trois manches a gagné.

Les lettres peuvent également être utilisées pour les jeux 43 et 44.

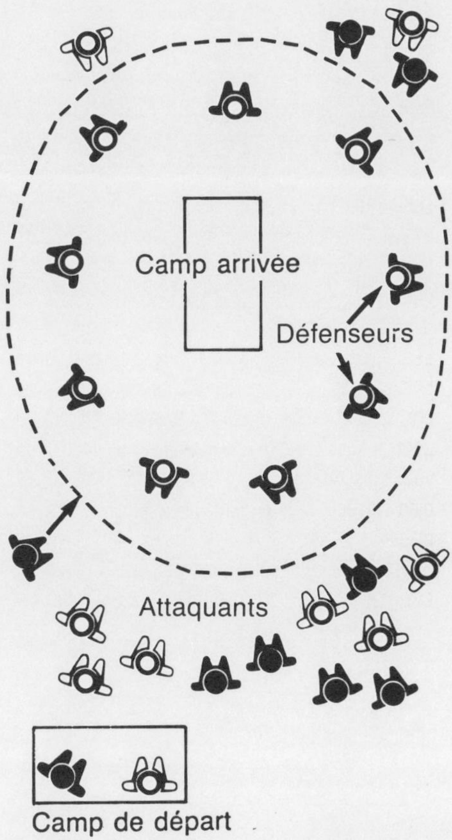

43
APPROCHE
ORIENTATION

ARRIVEE DANS LE CERCLE

EFFECTIF :
10 à 30 joueurs répartis en équipes

AGE :
à partir de 8 ans
8 - 14 ans

INTÉRÊT DU JEU :
PERCEPTION DE L'ESPACE ET DU TEMPS, maîtrise du corps (course).

DÉROULEMENT :
BUT DU JEU : Pour les attaquants, pénétrer dans le cercle sans se faire voir par le gardien.

Les attaquants sont porteurs d'un message (de couleur différente suivant leur équipe) et doivent le porter dans le cercle.

RÈGLES : Le gardien tourne autour du cercle, à vitesse variable. Il n'a pas le droit de regarder en arrière. Les attaquants doivent donc pénétrer dans le cercle quand le gardien leur tourne le dos. Tout attaquant nommé par le gardien doit remettre son message à un animateur.

VARIANTES :
1°) Au lieu de porter un objet dans le cercle les joueurs doivent venir prendre un objet se trouvant dans le cercle.

2°) Disposition différente : le gardien fait l'aller-retour dans un chemin (la frontière). Les joueurs doivent franchir la frontière sans se faire voir.

MATÉRIEL :
Papiers de couleur (messages).

FORMATION :
Terrain boisé
Clairière.
Un gardien dans un cercle de 20 m de diamètre environ.

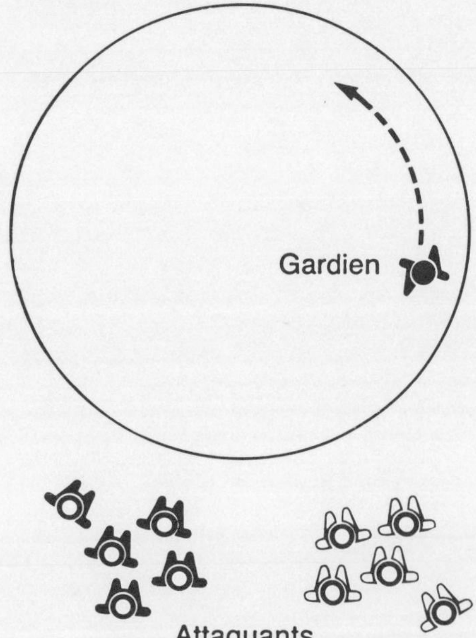

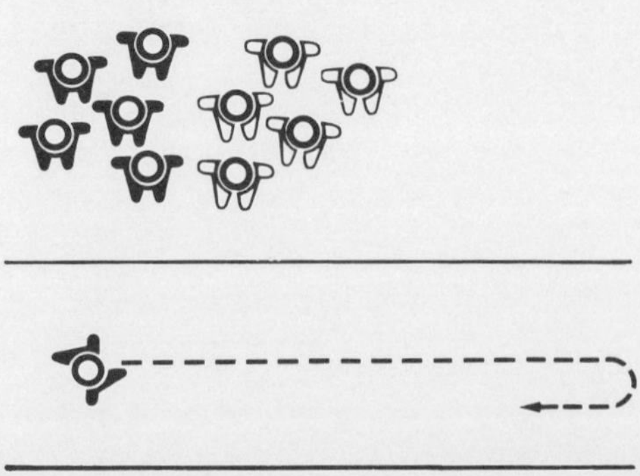

44
APPROCHE
ORIENTATION

APPROCHE AU NUMERO

EFFECTIF :
10 à 30 joueurs

AGE :
à partir de 8 ans
8 - 14 ans

MATÉRIEL :
Bandeaux de carton souple.

INTÉRÊT DU JEU :
PERCEPTION DE L'ESPACE ET DU TEMPS, maîtrise du corps, opposition.

FORMATION :
Zone boisée.
2 à 3 gardiens (suivant l'effectif). Des attaquants qui portent au front un bandeau de carton sur lequel est inscrit un numéro (ou un carton attaché par une ficelle).

DÉROULEMENT :
BUT DU JEU : Pénétrer dans le camp arrivée sans que les gardiens parviennent à lire le numéro.

Au départ du jeu, les attaquants reçoivent leur bandeau.

RÈGLES : Le joueur dont le numéro est annoncé par un gardien revient au camp départ et met un 2ème bandeau.
A la deuxième fois il est éliminé.
Le joueur qui entre directement dans le camp fait marquer 10 points à son équipe. S'il entre avec le deuxième numéro il ne marque que 5 points.
L'équipe qui a le plus de points a gagné.

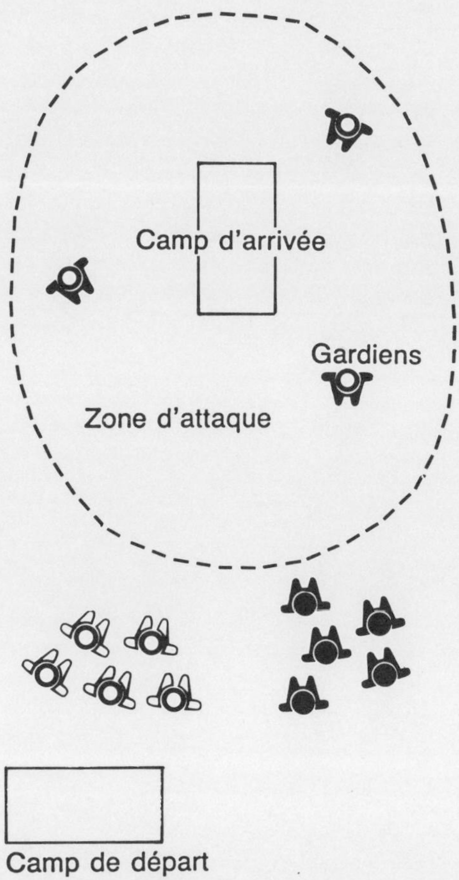

VARIANTES :
APPROCHE KIM NUMÉRO
Même disposition que précédemment.
Au lieu de pénétrer dans le camp "arrivée", les attaquants doivent s'en approcher le plus possible et découvrir les objets qui y sont exposés sans que les gardiens puissent dire leur numéro.
Les joueurs qui sont vus sont regroupés autour de l'animateur et ne peuvent plus participer au jeu. (On peut aussi leur permettre de continuer à jouer mais des points sont alors enlevés à leur équipe).
Au bout de 10 à 15 mn du jeu les équipes se regroupent et essaient de dresser la liste des objets à découvrir. L'équipe qui a vu le plus d'objets a gagné.

45

APPROCHE
ORIENTATION

APPROCHE AUX PANNEAUX

EFFECTIF : 10 à 30 joueurs
AGE : à partir de 8 ans
8 - 14 ans

INTÉRÊT DU JEU :

PERCEPTION DE L'ESPACE ET DU TEMPS,
maîtrise du corps,
mémorisation

DÉROULEMENT :

BUT DU JEU : Reconstituer le message le plus rapidement possible avec les éléments ramenés au camp.
Les joueurs, partis du camp de base au signal du guetteur doivent s'approcher des panneaux sans se faire voir et lire la partie du message inscrite. Ils reviennent alors à leur camp pour communiquer leur découverte et peuvent repartir.
Tout joueur vu par le guetteur à l'aller et au retour est éliminé et doit venir immédiatement auprès de lui.

REMARQUE : On peut mettre sur chaque panneau une partie d'un dessin que l'équipe doit reconstituer de mémoire.

MATÉRIEL :

Cartons rigides à fixer sur les arbres.

FORMATION :

Zone boisée.
• 1 ou plusieurs guetteurs (selon le nombre de joueurs)
• panneaux fixés sur les arbres autour du guetteur (distance selon terrain) sur chaque panneau une partie d'un message.
• attaquants par équipes.

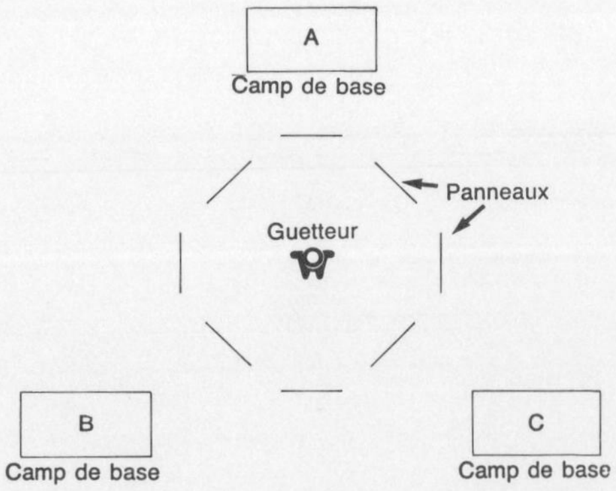

46

ESQUIVE

PRISE DE FOULARDS

EFFECTIF : 10 à 12 joueurs
AGE : à partir de 6 ans
6 - 12 ans

INTÉRÊT DU JEU :

MAITRISE D'OPPOSITION, maîtrise du corps.

DÉROULEMENT :

BUT DU JEU : Arracher le foulard à l'adversaire.

Chaque joueur a une main derrière le dos, l'autre essaie de saisir le foulard de l'adversaire.

1. Le jeu peut se jouer un contre un, les vainqueurs se rencontrent entre eux jusqu'au dernier.
2. Le jeu peut également être joué en équipe. L'équipe gagnante est celle qui réussit à éliminer tous les joueurs de l'équipe adverse.

REMARQUE :
Ce jeu de base peut être inclus dans de nombreux autres jeux (Epervier - douaniers et contrebandiers...).

MATÉRIEL :

Un foulard (ou bande de jeu) par joueur.

FORMATION :

Terrain dégagé.
Chaque joueur a un foulard dans le dos, simplement passé à la ceinture. Le foulard doit prendre (20 à 30 cm).

VARIANTE :

LA PROCESSION DES HARENGS (jeu de tradition).

Les joueurs ont dans le dos une bande de jeu touchant le sol (ou un poisson découpé dans du papier attaché à une ficelle). Le jeu consiste à marcher sur la bande de jeu d'un adversaire pour la décrocher.

47 BALLE NOMMEE

ESQUIVE

EFFECTIF : 10 à 20 joueurs

AGE : à partir de 6 ans
6 - 12 ans

MATÉRIEL :

1 ballon.

FORMATION :

Aire de jeu délimitée.

INTÉRÊT DU JEU :

MAITRISE DE L'ENGIN (tir),
jeux d'opposition

DÉROULEMENT :

BUT DU JEU : A l'appel de son nom, se saisir du ballon et essayer de toucher un adversaire.

Le meneur de jeu lance le ballon en l'air "en chandelle" et appelle un joueur.
Les autres s'enfuient, sans sortir des limites du terrain.
Le joueur nommé, dès qu'il est en possession du ballon, crie "stop".
Les joueurs s'immobilisent.
Le joueur en possession du ballon doit toucher un autre joueur. Les joueurs visés doivent esquiver tout en restant sur place. Si le tireur manque son but, il reprend le ballon et le jette en l'air à son tour en appelant un autre joueur. Si par contre il touche un joueur, c'est le joueur touché qui doit jeter le ballon et appeler quelqu'un.
Si le joueur appelé se saisit du ballon avant qu'il ne touche terre il a droit à trois pas d'élan avant son tir.

48

ESQUIVE

ESQUIVE - BALLON EN CERCLE

EFFECTIF : 6 à 20 joueurs
2 équipes

AGE : à partir de 6 ans
6 - 12 ans

MATÉRIEL :
1 ballon (ou 2).

INTÉRÊT DU JEU :

MAITRISE DE L'ENGIN, maîtrise de l'espace, maîtrise du corps (esquive), jeu d'opposition

DÉROULEMENT :

BUT DU JEU : Pour les chasseurs : toucher les lapins
Pour les lapins : éviter de se faire toucher.

RÈGLES : Un lapin n'est pas pris :
— si la balle a touché le sol avant de l'atteindre
— si la balle le touche à la tête
— s'il bloque la balle

REMARQUES : Si le ballon touche successivement deux joueurs sans avoir touché le sol, on peut décider que le 2ème joueur est pris, en fonction de la variante jouée.

JEU INDIVIDUEL :
• Un tiers des joueurs (ou la moitié en fonction de leur âge) se trouve au centre du cercle. Tout joueur touché passe dans le camp des chasseurs. Le dernier joueur est gagnant.
• Le deuxième tiers passe au centre, puis le troisième.
• Les trois joueurs gagnants font une finale.

JEU PAR ÉQUIPE :
Deux ou trois équipes : chacune joue tour à tour le rôle de "lapins".
2 possibilités :
— en cinq minutes par exemple on compte combien de joueurs d'une équipe sont touchés (un joueur pouvant être touché plusieurs fois).
— on chronomètre combien de temps il faut pour éliminer tous les joueurs d'une équipe (les joueurs touchés sont éliminés au fur et à mesure).

REMARQUES : Dans ces formes de jeu on peut donner l'autorisation au lapin qui a bloqué le ballon de se jeter le plus loin possible pour retarder les chasseurs.

(Suite au verso)

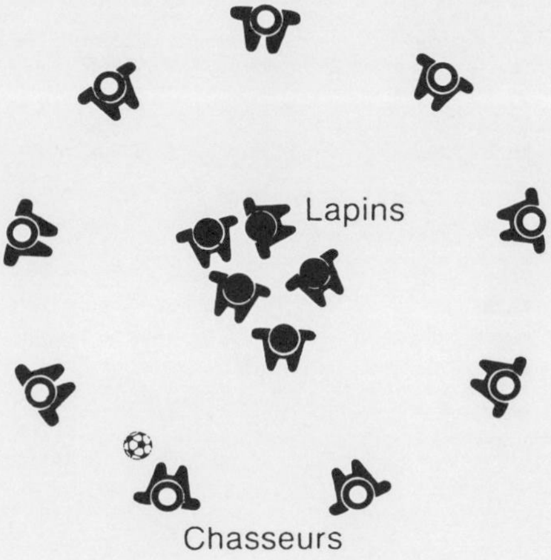

VARIANTES :

1°) Dans la formule jeu individuel :
Le joueur qui touche remplace le joueur touché. Le but est de rester au centre dans un temps donné.
2°) Dans la formule jeu par équipe :
ESQUIVE 2 BALLONS (8/10)
Même principe - les chasseurs disposent de 2 ballons.
ESQUIVE 2 CERCLES (8/10)
Deux équipes égales.
La surface où évoluent les lapins est très restreinte ce qui les oblige à bloquer la balle pour mieux se défendre.
ESQUIVE SAUTERELLE (8/10)
Les lapins ont les chevilles attachées.
Le cercle est restreint.
Le ballon doit rouler au sol.
ESQUIVE DOUBLE (8/12)
La moitié de chaque équipe est au milieu (foulards pour différencier les équipes), l'autre sur le cercle. Deux ballons. En un temps donné il faut toucher le plus de joueurs de l'équipe adverse. Mais si on touche un joueur de son équipe, l'équipe adverse marque un point.
Peut se jouer avec un ballon, les chasseurs d'une équipe devant alors d'organiser pour priver du ballon ceux de l'autre équipe.

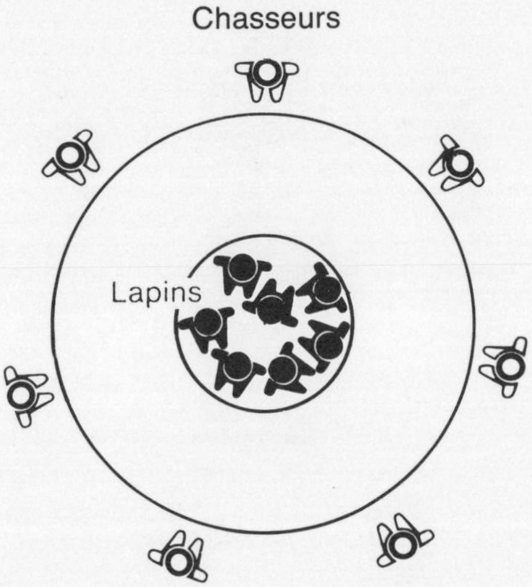

49 ESQUIVE BALLON AU LOUP ET A L'AGNEAU

ESQUIVE

EFFECTIF : 10 à 20 joueurs
AGE : à partir de 8 ans
8 - 12 ans

MATÉRIEL :
1 ballon

FORMATION : Les joueurs du centre, 6 au maximum, se tiennent par la taille et constituent le troupeau d'agneaux et son berger (ou la chenille).

INTÉRÊT DU JEU :

MAITRISE DU CORPS,
MAITRISE DE L'ENGIN (lancer),
jeu d'opposition

DÉROULEMENT :

BUT DU JEU : Pour le troupeau, ne pas se faire toucher.
Pour les loups toucher successivement les agneaux puis le berger.
Les loups doivent toucher le dernier joueur du troupeau.
Ce joueur, touché, est éliminé ; c'est le précédent qui est alors visé.
Le berger peut attraper le ballon ou le repousser pour protéger son équipe.
Deux possibilités :
— chronométrer combien de temps mettent les loups pour toucher tous les joueurs de l'équipe adverse,
— en un temps donné, compter combien de joueurs ont été touchés.

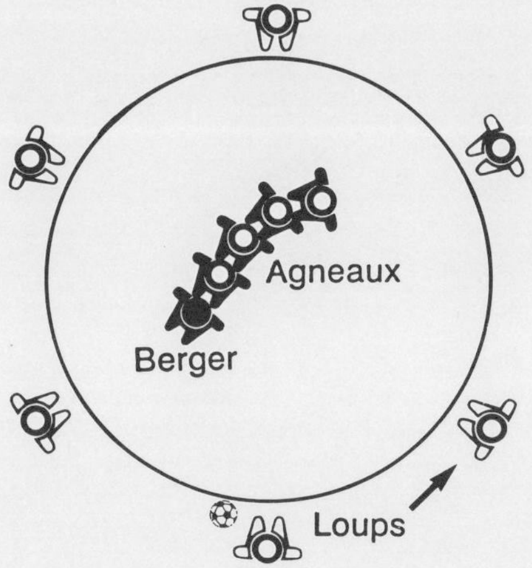

50 ESQUIVE BALLON EPERVIER

ESQUIVE

EFFECTIF : 15 à 30 joueurs

AGE : à partir de 8 ans
8 - 12 ans

MATÉRIEL :

1 ballon (lancer).

INTÉRÊT DU JEU :

MAITRISE DE L'ENGIN (tir),
MAITRISE ESPACE-TEMPS,
maîtrise du corps (course),
jeu d'opposition

FORMATION :

Rectangle
L = 30 m,
l = 10 à 15 m maximum.
Les joueurs sont alignés sur la base AB.
2 joueurs O sont situés sur AD et BC. Ce sont les éperviers.

DÉROULEMENT :

BUT DU JEU : Pour les éperviers, toucher le plus grand nombre de joueurs.
Pour les joueurs, esquiver les tirs des éperviers.

Au signal du meneur, les joueurs essaient de rejoindre la ligne DC sans être touchés par le ballon lancé par les éperviers.
Tout joueur touché, même après rebond, devient épervier.
Le jeu se termine lorsque tous les joueurs ont été touchés.

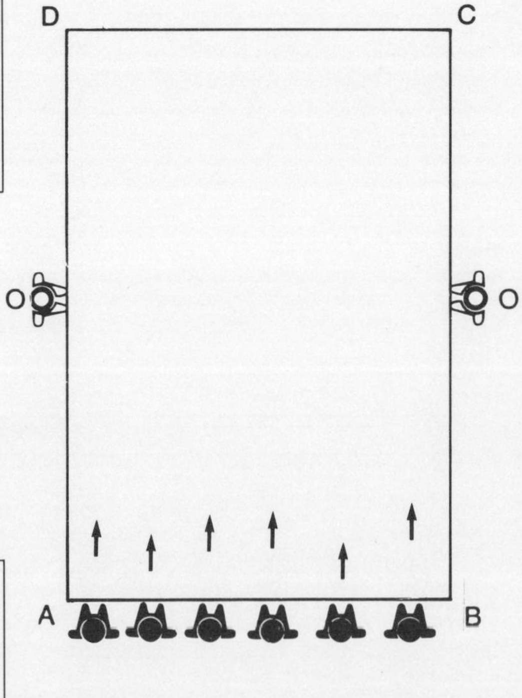

VARIANTES :

1°) On peut décider à l'avance du nombre de traversées et compter le nombre de joueurs non touchés.
2°) On peut augmenter le nombre de ballons.
3°) Il est possible d'avoir deux équipes. Une personne touchée enregistre un point pour son équipe (l'équipe qui a le plus de points a perdu).

51 ESQUIVE BALLON TROIS CAMPS

ESQUIVE

EFFECTIF : 15 à 30 joueurs
3 équipes

AGE : à partir de 8 ans
8 - 12 ans

MATÉRIEL :
1 ballon.

FORMATION :
Chaque équipe occupe une zone.

INTÉRÊT DU JEU :
MAITRISE DE L'ENGIN (lancer, tir, blocage), maîtrise du corps, jeu d'opposition

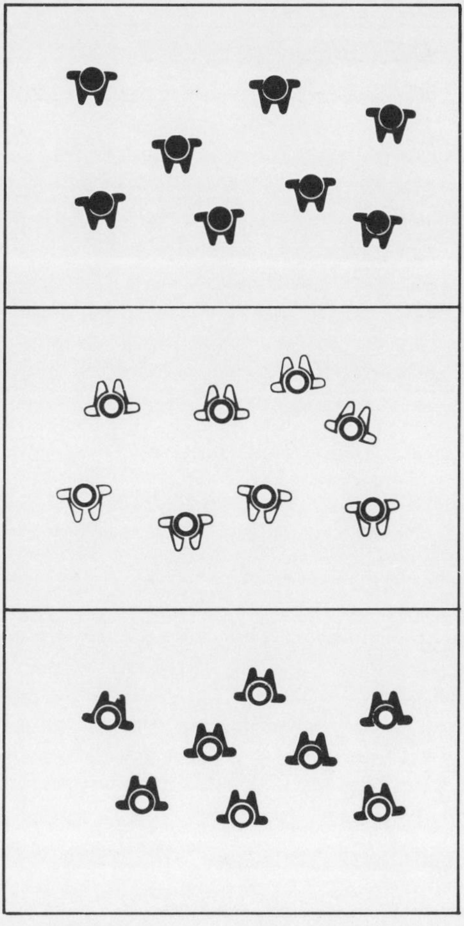

DÉROULEMENT :
BUT DU JEU : Toucher le plus possible d'adversaires avec le ballon.

L'équipe qui est au milieu joue contre les deux autres. Il y a donc alliance entre les deux équipes extérieures.
Un joueur touché fait marquer un point négatif à son équipe.
La partie se joue en trois manches de 5 à 10 minutes, selon l'âge et l'entraînement des enfants.
Chaque équipe occupe à tour de rôle la zone centrale.
La partie est gagnée par l'équipe qui a obtenu le moins de points négatifs lors de son passage au centre.
Les règles du jeu sont celles de l'esquive - ballon ordinaire.

REMARQUE : On peut visualiser le score en posant des objets à côté de chacun des camps.

VARIANTE : Les trois équipes peuvent toutes marquer des points (et non celle du milieu seulement).
Le changement de terrain s'effectue comme dans le jeu de base.

52

ESQUIVE

MASSACRE AU RELAIS

EFFECTIF : 10 à 20 joueurs
2 équipes

AGE : à partir de 6 ans
8 - 10 ans

MATÉRIEL :
1 ballon.

INTÉRÊT DU JEU :

MAITRISE DU CORPS (esquive, course), MAITRISE DE L'ENGIN (lancer, tir), jeu d'opposition

DÉROULEMENT :

BUT DU JEU : Pour les chasseurs, toucher le coureur placé au centre le plus souvent possible.

Pour les coureurs : courir le plus vite possible pour limiter le temps imparti aux chasseurs.

Un coureur se place au centre du cercle formé par les chasseurs qui disposent un ballon.

Au signal, le premier coureur s'élance, fait le tour du cercle, passe le relais au 2ème, etc...

Pendant ce temps les chasseurs essaient de toucher le plus souvent possible le coureur placé au centre du cercle. (Interdiction de toucher à la tête, pas de rebond avant de toucher).

On inverse les rôles. L'équipe qui a touché le plus souvent a gagné.

REMARQUE : Le cercle doit chaque fois avoir la même dimension.

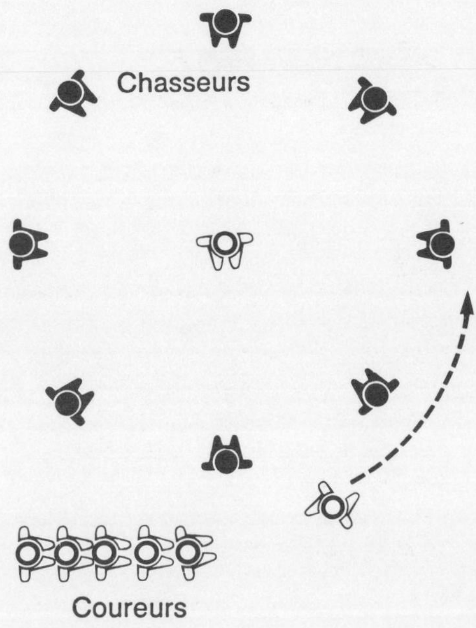

53 BALLON AUX REFUGES

ESQUIVE

EFFECTIF : 10 à 20 joueurs
2 équipes

AGE : à partir de 8 ans
8 - 10 ans

MATÉRIEL :
2 ballons.

INTÉRÊT DU JEU :

MAITRISE DU CORPS (course),
MAITRISE DE L'ENGIN (lancer, tir),
jeu d'opposition, perception de l'espace

DÉROULEMENT :

BUT DU JEU : Pour les joueurs X, effectuer le parcours sans se faire toucher.
Pour les joueurs O, toucher le plus grand nombre de joueurs X.

— Les joueurs X traversent les uns après les autres le terrain en marquant obligatoirement un temps d'arrêt dans les refuges et en essayant de ne pas se faire toucher par le ballon qui circule entre les joueurs O.
Un joueur arrêté dans un refuge ne peut être touché. Il ne peut rester plus de 10 secondes dans un refuge.
— Les joueurs O ne peuvent pénétrer dans les refuges, ne peuvent pas se déplacer avec le ballon, ni le garder plus de trois secondes.
— On compte un point lorsqu'un joueur X est touché. (Un même joueur peut être touché plusieurs fois).
— On intervertit les rôles.

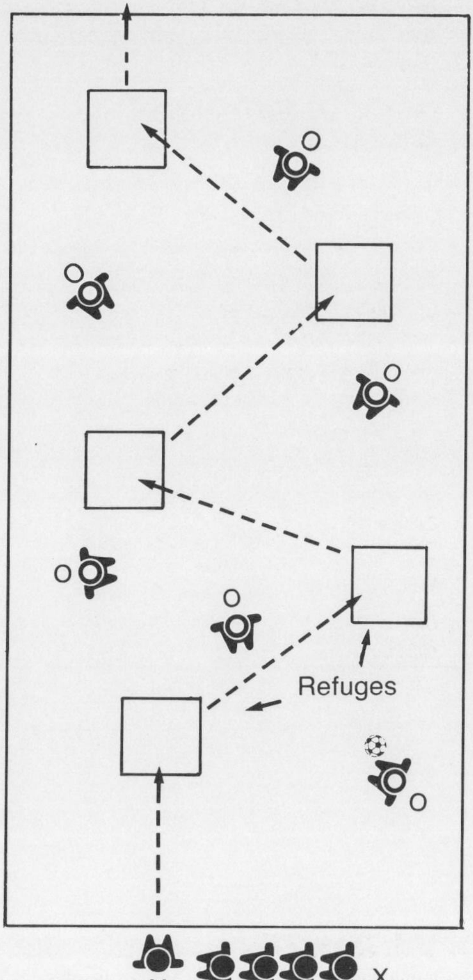

VARIANTE : On peut, au lieu d'exiger un temps d'arrêt dans le refuge, mettre une quille à renverser.

54

ESQUIVE

THEQUE ESQUIVE

EFFECTIF : 10 à 20 joueurs
2 équipes

AGE : à partir de 8 ans
8 - 14 ans

MATÉRIEL :
1 ballon.

FORMATION :
2 équipes.

INTÉRÊT DU JEU :

MAITRISE DE L'ENGIN (lancer - tir), maîtrise du corps (course), jeu d'opposition

DÉROULEMENT :

BUT DU JEU :

Pour les coureurs : effectuer le parcours sans se faire toucher

Pour les trimeurs : toucher les coureurs.

Un coureur lance le ballon sur le terrain et part en courant autour des bases (X).

Les trimeurs récupèrent le ballon et essaient de le toucher avant qu'il atteigne son camp.

Le coureur qui rentre sans être touché marque un point pour son équipe.

On intervertit le rôle des équipes.

REMARQUE : déterminer la longueur du parcours en fonction du nombre de joueurs et du tir (à la main, au pied).

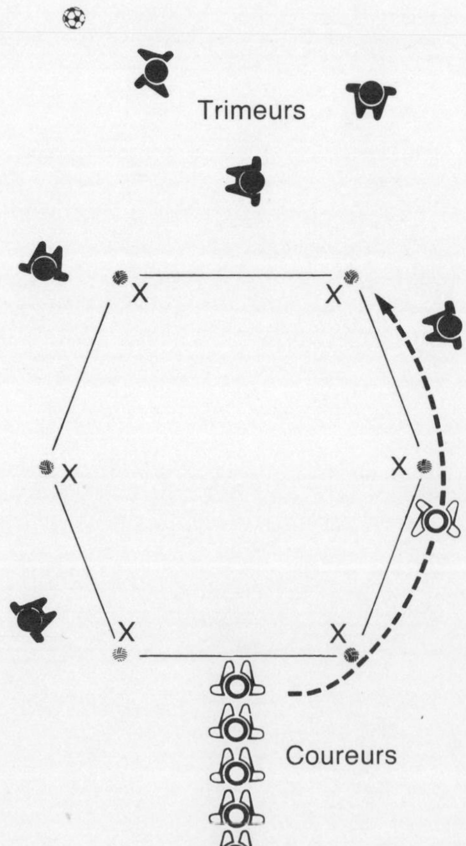

VARIANTE : Le coureur peut s'arrêter à une base et continuer quand le 2ème coureur lance à son tour. Dans ce cas le joueur rattrapé par son partenaire ne marque pas de point.

Un parcours sans arrêt : 3 points.

Un parcours avec arrêt : 1 point.

55

ESQUIVE

BALLE AU CHASSEUR

EFFECTIF : 10 à 20 joueurs
AGE : à partir de 6 ans
8 - 10 ans

MATÉRIEL :

1 balle.

FORMATION :

Terrain délimité.
Un chasseur possédant une balle
Des lapins.

INTÉRÊT DU JEU :

MAITRISE DE L'ENGIN (tir - lancer), maîtrise du corps (esquive - course), jeu d'opposition

DÉROULEMENT :

BUT DU JEU :
Pour le chasseur, toucher tous les lapins.
Pour les lapins, esquiver les tirs.

Au début de ce jeu, le chasseur lance sa balle en l'air trois fois de suite. Puis il essaie de toucher les lapins avec sa balle.
Il ne peut courir balle en main.
Quand un lapin est touché, il devient chien et doit aider le chasseur (il peut aller chercher la balle après un tir, lui faire des passes).
Pour se défendre, les lapins peuvent esquiver les tirs ou bloquer la balle.
Dans ce cas, ils la lancent où ils veulent.
Le dernier joueur touché devient chasseur.

VARIANTE : Les joueurs touchés deviennent chasseurs et peuvent aussi toucher les lapins.

56

ESQUIVE

LA CHASSE A COURRE

EFFECTIF : 10 à 20 joueurs
2 équipes

AGE : à partir de 8 ans
8 - 14 ans

MATÉRIEL :
1 ballon.

INTÉRÊT DU JEU :

MAITRISE DE L'ENGIN (tir - lancer),
MAITRISE DU CORPS (esquive),
maîtrise de l'espace, jeu d'opposition.

DÉROULEMENT :

BUT DU JEU : Pour les chasseurs, toucher les lapins.

Le premier lapin rentre dans l'aire de jeu, le ballon part en même temps du coin opposé. Les chasseurs essaient de le toucher le plus rapidement possible. Ils ne peuvent pas se déplacer avec le ballon.
Quand le lapin est touché, le ballon revient à son point de départ. Simultanément, le meneur compte 1.2.3. A trois, le 2ème lapin rentre... etc...
On chronomètre le temps mis par les chasseurs pour toucher tous les lapins.
On intervertit les rôles.

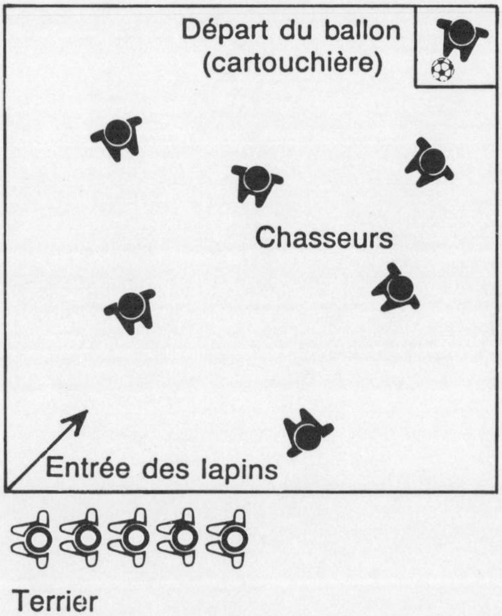

VARIANTE :

Quand les équipes dépassent 5 joueurs, on peut faire rentrer des lapins 2 par 2 et ajouter un deuxième ballon.

57

QUATRE COINS

QUATRE COINS MULTICOINS

EFFECTIF : 5 à 15 joueurs
AGE : à partir de 6 ans
6 - 10 ans

FORMATION :

Un coin (ou une place) de moins que de joueurs.

INTÉRÊT DU JEU :

PERCEPTION DE L'ESPACE,
MAITRISE DU TEMPS, maîtrise du corps,
jeu d'opposition.

DÉROULEMENT :

BUT DU JEU :

— pour celui qui n'a pas de place : s'approprier un coin
— pour les autres : se déplacer d'un coin à l'autre, en restant toujours "propriétaire" d'un coin.

Ce jeu se joue sans animateur.
Le joueur qui n'a pas de coin doit profiter des déplacements des autres joueurs pour s'emparer d'un coin.

REMARQUES : Ce jeu, très simple, est pourtant très riche.
Il nécessite de la part de celui qui est au milieu une surveillance permanente de l'espace et des autres joueurs pour essayer de prévoir les déplacements et choisir le coin qu'il pourra atteindre avant un adversaire.
Des relations de coopération se font et se défont suivant le cours du jeu.

58 LES ECUREUILS EN CAGE

ESQUIVE

EFFECTIF : 10 à 30 joueurs
AGE : à partir de 4 ans
4 - 6 ans

INTÉRÊT DU JEU :

PERCEPTION DE L'ESPACE, MAITRISE DU TEMPS, maîtrise du corps, jeu d'opposition.

DÉROULEMENT :

BUT DU JEU : Le joueur qui n'a pas de cage doit en trouver une.

Au signal du meneur de jeu (ou de l'écureuil sans cage), tous les écureuils doivent changer de cage. Celui qui n'en a pas doit en trouver une.
Le joueur qui reste au milieu relance le jeu.

FORMATION : Sur un cercle les joueurs sont placés par groupe de 3. Deux joueurs se tiennent les mains, le troisième se place dans la cage ainsi formée. C'est l'écureuil. Un joueur n'a pas de cage.

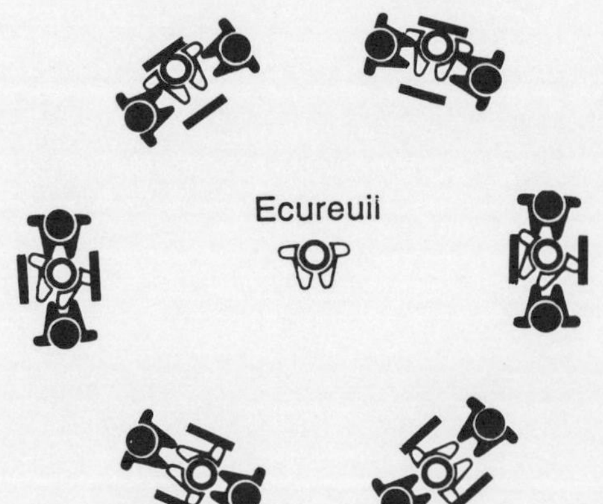

REMARQUES :

— Avec des enfants entraînés à ce jeu, obliger les joueurs à passer par le centre du cercle avant de rentrer à nouveau dans une cage.
— Faire changer les joueurs de rôle. (Dans le groupe de 3, les numéros 1 sont écureuils, puis ce sont les numéros 2, puis les numéros 3).

59 LE TRAIN

QUATRE COINS

EFFECTIF : 6 à 15 joueurs
AGE : à partir de 3 ans
4 - 6 ans

INTÉRÊT DU JEU :

FAVORISER LES RELATIONS ENTRE JOUEURS, percevoir l'espace.

DÉROULEMENT :

BUT DU JEU :

Avec les plus petits : retrouver sa gare après un parcours

Avec les 5/6 ans : retrouver une gare après un parcours.

Quand les gares ont été construites et inaugurées (cette visite permet de repérer leur emplacement dans l'espace de jeu), chacun prend place dans la sienne. Le meneur de jeu fait la locomotive et circule d'une gare à l'autre. Lorsqu'il tape sur l'épaule d'un joueur, celui-ci devient wagon et s'accroche derrière la locomotive. Le train s'allonge et se déplace à allures diverses. Lorsque la locomotive donne un coup de sifflet, les wagons doivent, le plus rapidement possible, retrouver leur gare.

REMARQUES : Avec les 5/6 ans, l'animateur s'empare d'une gare et le joueur sans gare devient locomotive, c'est alors un véritable jeu de 4 coins.
On peut ajouter une règle : Si la locomotive donne deux coups de sifflet, tous les joueurs (y compris ceux qui étaient encore dans leur gare) changent de place.

FORMATION : Les gares sont construites sur un terrain dégagé. La première fois on peut faire disposer les gares sur un grand cercle pour faciliter la perception de l'espace.

REMARQUE : Ce jeu, tel qu'il est présenté ici, n'est que la partie finale d'une activité qui débute par la construction individuelle d'une gare (espace de 50 cm à 1 m de côté). Cette première partie peut durer très longtemps avec les plus jeunes, il ne faut surtout pas l'écourter pour lancer à tout prix le jeu !

60 FACE A FACE DOS A DOS

QUATRE COINS

EFFECTIF : 10 à 20 joueurs (nombre impair)

AGE : à partir de 6 ans
6 - 10 ans

FORMATION : Joueurs placés en 2 cercles concentriques, face à face. Un joueur au centre.

INTÉRÊT DU JEU :

RENCONTRER L'AUTRE, perception de l'espace, maîtrise du temps.

DÉROULEMENT :

BUT DU JEU :

Pour le joueur du centre, trouver un partenaire.
Pour les joueurs du cercle intérieur, conserver un partenaire.

Le joueur placé au centre donne des ordres.
Il commence toujours en disant : face à face.
Il enchaîne avec des ordres variés : genou à genou, oreille droite à oreille droite, nez à nez...
Il termine toujours en disant : dos à dos.
A ce signal, les joueurs du cercle intérieur changent de partenaire pendant que le joueur du centre essaie d'en trouver un (obliger à passer par le centre).
Le joueur qui reste au centre donne à son tour les ordres.

REMARQUE : Penser à faire permuter les joueurs du cercle intérieur et ceux du cercle extérieur au bout de 4 à 5 parties.

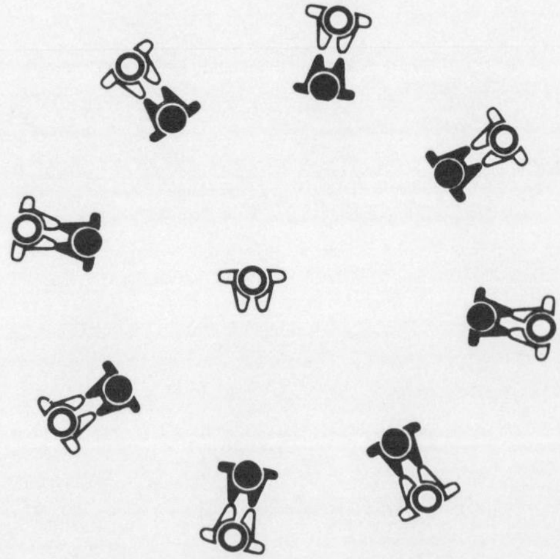

61 BONJOUR MONSIEUR BONJOUR MADAME

QUATRE COINS

EFFECTIF : 10 à 30 joueurs

AGE : à partir de 6 ans
6 - 8 ans

FORMATION :

Enfants assis en cercle.
Un joueur est à l'extérieur.

INTÉRÊT DU JEU :

MAITRISE D'OPPOSITION,
maîtrise espace - temps (vitesse), maîtrise du corps,
jouer à inventer un dialogue.

DÉROULEMENT :

BUT DU JEU : Regagner la place libre avant l'autre joueur.

Le joueur qui est à l'extérieur tourne autour du cercle. Il choisit un autre joueur, lui tape sur l'épaule et lui dit "Bonjour Monsieur" (ou Madame), le joueur désigné se lève et serre la main de l'autre joueur en répondant "Bonjour...".
A ce signal, les joueurs partent autour du cercle dans des directions opposées.
Quand ils se croisent ils doivent se saluer : ils se touchent la main en disant : "Bonjour Monsieur - Bonjour...". Ils engagent un dialogue... Quand l'un des 2 joueurs dit "Au revoir...", l'autre répond "Au revoir..." en lui serrant la main et chaque joueur termine le tour du cercle en essayant d'aller s'asseoir le premier à la place laissée libre.
Le dernier arrivé va choisir un autre joueur.

62

QUATRE COINS

SUIVEZ PARTEZ

EFFECTIF : 12 à 30 joueurs
AGE : à partir de 8 ans
8 - 12 ans

FORMATION : Les joueurs sont par groupes de 3 à 5, placés en cercle.
Un joueur est à l'extérieur du cercle.

INTÉRÊT DU JEU :

MAITRISE D'OPPOSITION,
maîtrise du corps (course),
maîtrise espace - temps (vitesse)

DÉROULEMENT :

BUT DU JEU : Occuper la place laissée libre avant les autres.

Le joueur qui est à l'extérieur tourne autour du cercle. Il tape sur l'épaule d'un des joueurs d'un groupe.
– S'il dit "Suivez", les joueurs se lèvent et tournent autour du cercle en suivant le premier joueur.
– S'il dit "Partez", les joueurs se lèvent et tournent autour du cercle dans le sens inverse de celui utilisé par le premier joueur.
Des cinq joueurs qui courent, le dernier assis reste à l'extérieur et va, à son tour, choisir une équipe adverse.

REMARQUE : Dans le cas où les joueurs tournent en sens inverse ("partez") il peut y avoir coopération entre joueurs d'une même équipe pour gêner la progression de l'adversaire.

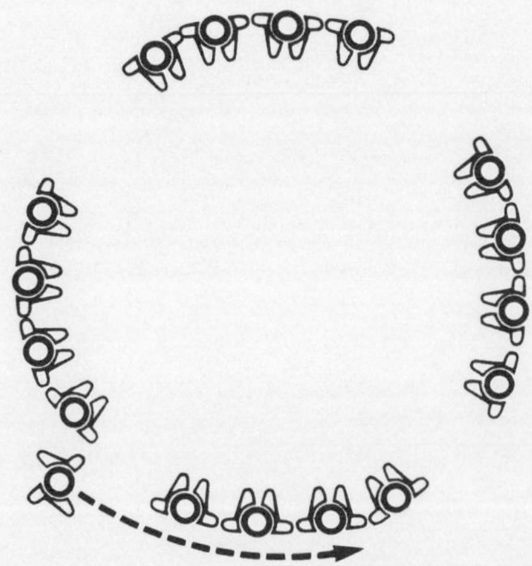

63

QUATRE COINS

AIMES-TU TES VOISINS ?

EFFECTIF : 15 à 40 joueurs
AGE : à partir de 6 ans
6 - 8 ans

FORMATION : Joueurs assis en cercle. Au centre un joueur n'a pas de place.

INTÉRÊT DU JEU :

JEU DE CONNAISSANCE ET DE CHOIX, perception de l'espace, maîtrise du temps.

DÉROULEMENT :

BUT DU JEU : Pour le joueur du centre, trouver une place. Pour les autres, changer de place.

Le joueur du centre s'adresse à un joueur assis et lui demande : "aimes-tu les voisins ?".
Si la réponse est oui, rien ne se passe.
Si la réponse est non, le joueur du centre réplique : "et qui préfères-tu ?".
Le joueur interrogé répond : "Je préfère Eric, Thomas, etc...".
Au signal du meneur tous les joueurs se prénommant Eric ou Thomas ainsi que les deux voisins du joueur interrogé changent de place entre eux.
Le joueur du centre essaie alors d'en trouver une.
Il reste un joueur debout qui, à son tour, va interroger quelqu'un d'autre.

64

QUATRE COINS

LA LETTRE A LA POSTE

EFFECTIF : 10 à 30 joueurs

AGE : à partir de 8 ans
8 - 12 ans

FORMATION :

Joueurs assis en cercle. Au centre un joueur n'a pas de place.

INTÉRÊT DU JEU :

PERCEPTION DE L'ESPACE,
maîtrise du temps, mémorisation
Jeu de choix

DÉROULEMENT :

BUT DU JEU :
Pour le joueur du centre, trouver une place.
Pour les autres, changer de place.

Tous les joueurs choisissent un nom de ville différent. Le joueur du centre dit alors : "Je suis à... (nom de ville qu'il a choisie). J'écris une lettre à mon cousin de... Cette lettre va passer par...".
Il énumère alors une série de villes choisies par les autres joueurs. Il termine en disant "Je mets ma lettre à la poste".
A ce signal les joueurs dont les villes ont été nommées doivent changer de place pendant que le joueur du centre essaie, lui, d'en trouver une.
Le joueur qui n'a pas de place continue le jeu.

REMARQUES :
— Après le passage de 3 ou 4 joueurs, penser à faire nommer les villes qui n'ont pas encore été citées.
— On peut obliger les joueurs à passer par le centre du cercle avant de retrouver une nouvelle place.
— Lorsque les joueurs connaissent bien le nom des villes des autres joueurs, ce jeu permet aussi de choisir celui ou ceux que l'on va faire déplacer.

65

QUATRE COINS

LA MER EST CALME

EFFECTIF : 10 à 20 joueurs

AGE : à partir de 4 ans
6 - 8 ans

FORMATION :
Jeu en rond.

INTÉRÊT DU JEU :

PERCEPTION DE L'ESPACE,
jeu spectaculaire.

DÉROULEMENT :

BUT DU JEU :

Pour le joueur du centre, trouver une place.
Pour les autres, changer de place.

Le joueur du centre (l'animateur) raconte une histoire en se balançant comme s'il était sur un bateau : "la mer est calme, la mer est calme, j'appelle sur mon bateau tous ceux qui ont du bleu sur leurs chaussures".
Ces joueurs se lèvent et viennent s'accrocher derrière l'animateur et font les mêmes mouvements que lui.
L'animateur continue : "le vent se lève, le vent se lève, j'appelle sur mon bateau tous ceux qui ont un pull rouge".
L'animateur continue en accentuant ces mouvements de balancement.
Quand il prononce : "la mer est agitée", tous les joueurs qui étaient sur le bateau essaient de trouver une place libre, le joueur qui n'a pas de place recommence l'histoire.

66

QUATRE COINS

LE JOUEUR DE FLUTE

EFFECTIF : 10 à 20 joueurs
AGE : à partir de 4 ans
6 - 8 ans

FORMATION :

En rond.
Le meneur se déplace dans le cercle.

INTÉRÊT DU JEU :

PERCEPTION DE L'ESPACE,
jeu spectaculaire, jeu de choix.

DÉROULEMENT :

BUT DU JEU :
Pour le joueur du centre, trouver une place.
Pour les autres, changer de place.

Le joueur du centre mime un joueur de flûte. Il va vers un joueur du cercle et l'invite à le suivre. Celui-ci évolue derrière lui en mimant le jeu d'un autre instrument.
Le meneur en invite un second, etc...
Lorsqu'il cesse de jouer (il arrête le mime), tout le monde essaie de trouver une place.
Celui qui reste devient meneur.

REMARQUE :
On peut également chanter tout en mimant les instruments.

VARIANTE :

C'est la flûte qui est l'instrument interdit.
Dans ce cas, le jeu se déroule de la même manière mais le meneur choisi un autre instrument. Ce n'est que lorsqu'il se met à jouer de la flûte que tout le monde essaie de trouver une place.

67 LES CRUCHES MUSICALES

QUATRE COINS

EFFECTIF : 10 à 30 joueurs
AGE : à partir de 8 ans
8 - 12 ans

INTÉRÊT DU JEU :

PERCEPTION DE L'ESPACE, DU TEMPS, maîtrise du corps (rythme), jeu d'opposition

DÉROULEMENT :

BUT DU JEU : Trouver une place (une anse) quand la musique s'arrête.

Quand la musique s'arrête (chant - percussion - disque) les joueurs doivent saisir l'anse d'une cruche. S'il n'y en a pas à proximité les joueurs peuvent avancer jusqu'à ce qu'ils en trouvent une de libre (Interdiction de faire marche arrière).
Le joueur qui n'a pas pu saisir une anse va s'asseoir. On enlève une cruche et le jeu continue jusqu'à ce qu'il ne reste qu'un seul joueur.

REMARQUES :
— On peut remplacer les cruches par des chaises placées dos à dos (le jeu s'appelle alors "les chaises musicales"). Mais attention aux bousculades !
— On peut matérialiser un tracé au sol de 1 mètre des cruches ou des chaises, à l'intérieur duquel les joueurs ne peuvent pas pénétrer avant l'arrêt de la musique.

MATÉRIEL :

Electrophone ou instruments de percussion.

FORMATION :

Des joueurs placés sur une file sont les "cruches", chacune n'ayant qu'une anse (bras replié, mais sur la hanche).
Les autres joueurs (1 de plus que de cruche) tournent autour des cruches, en suivant le rythme de la musique.

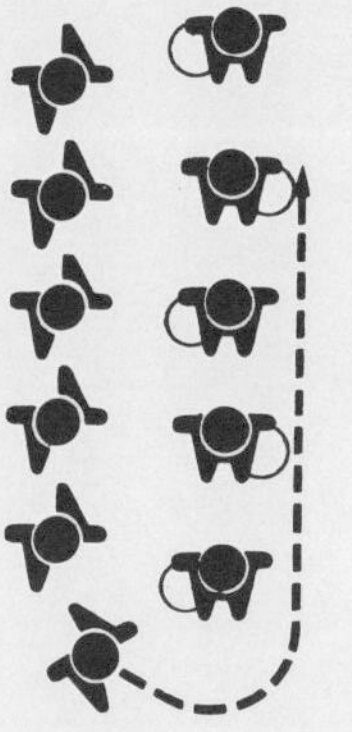

68 LES COUPLES MUSICAUX

QUATRE COINS

EFFECTIF : 10 à 20 joueurs
AGE : à partir de 8 ans
8 - 14 ans

MATÉRIEL :
Electrophone ou magnétophone.

FORMATION :
Jeu en rond.
Un joueur est au centre, les autres sont assis.

INTÉRÊT DU JEU :
MAITRISE DU CORPS,
JEU DE RYTHME,
perception de l'espace, jeu "à choisir".

DÉROULEMENT :
BUT DU JEU :
Pour le joueur du centre, trouver une place.
Pour les autres, changer de place.

• La musique commence. En respectant son rythme le joueur du centre se déplace vers un joueur assis et l'invite à danser.
• Au signal du meneur du jeu, ces deux derniers joueurs se séparent et vont chercher un nouveau partenaire.
• Quand 8 à 12 joueurs dansent, la musique s'arrête et chaque danseur essaie de retrouver une place.
• Celui qui reste au centre recommence le jeu.

69 PIGEON VOLE

UN CONTRE TOUS

EFFECTIF : 5 à 15 joueurs
AGE : à partir de 4 ans
4 - 8 ans

FORMATION :

Joueurs en demi-cercle face au meneur.

INTÉRÊT DU JEU :

MAITRISE DU CORPS (réflexe), contrôle de soi.

DÉROULEMENT :

BUT DU JEU : Réagir aux indications données par le meneur sans se tromper.

Le meneur dit : "Pigeon vole" en levant son bras. Les joueurs lèvent également un bras.
Le meneur continue : "mouche vole - avion vole..." Chaque fois il lève son bras. S'il indique un objet qui ne vole pas "auto vole" les joueurs ne doivent pas lever le bras, même si le meneur le fait.
Au bout de quelques minutes, celui qui s'est trompé le moins souvent donne à son tour les indications.

REMARQUE : Ne pas éliminer les joueurs qui se trompent.

VARIANTES :

1°) JACQUES A DIT
Le meneur donne des ordres. S'ils sont précédés de la formule "Jacques a dit" les joueurs doivent les exécuter. Sinon ils doivent rester immobiles.

2°) SIRE PAPATOGONUS (8/10)
Le meneur (le roi) doit trouver pour sa fille un prétendant le plus poli possible. Il désigne un joueur, lui donne des ordres. Avant de les exécuter le joueur doit demander "Oserais-je sire Papatogonus me lever, marcher..."
S'il effectue l'action avant de le demander, il est remplacé.

70 PIPERLET

UN CONTRE TOUS

EFFECTIF : 12 à 20 joueurs
AGE : à partir de 6 ans
6 - 8 ans

FORMATION :

Jeu en rond.
Le meneur est dans le cercle.

INTÉRÊT DU JEU :

MAITRISE DU CORPS (réflexe).

DÉROULEMENT :

BUT DU JEU : Pour chaque joueur, effectuer les gestes qui correspondent aux mots indiqués par le meneur du jeu.
"Piperlet... piperlet... piperlet..."
Les index martèlent alternativement les genoux.
"Poings !" Les poings s'immobilisent sur les genoux.
"Plat !" Les mains se posent à plat sur les genoux.
"Dos !" Le dos des mains paumes vers le haut, se posent sur les genoux.
"Pamof !" Les deux mains s'élèvent à hauteur des épaules.
La trame du jeu est constituée par le "Piperlet... piperlet..." qui se scande plus ou moins vite, plus ou moins longtemps à l'initiative du meneur qui intercale à son gré des "Poings !" "Plat !" "Dos" "Pamof !" Les joueurs prennent la position indiquée, quels que soient les gestes du meneur.
En effet, ce dernier peut, au bout d'un certain temps, faire des gestes qui ne correspondent pas à la position indiquée. Toute erreur fait marquer un point. Celui qui a le moins de points a gagné.

VARIANTES :

LES JEUX OLYMPIQUES (8/10)
Même jeu, seules les indications et les gestes changent :
— grand fond : remuer les bras lentement de chaque côté du corps (comme un coureur de fond) en expirant bruyamment au même rythme.
— demi-fond : même chose, rythme plus rapide.
— vitesse : frapper rapidement les genoux avec les mains.
— saut au front - aux genoux - aux chevilles : porter les mains à l'endroit nommé.

71

UN CONTRE TOUS

DANS LA MARE SUR LA RIVE

EFFECTIF : 6 à 15 joueurs
AGE : à partir de 6 ans
6 - 8 ans

FORMATION :

Jeu en rond (ou joueurs sur une ligne).

INTÉRÊT DU JEU :

MAITRISE DU CORPS (réflexe).

DÉROULEMENT :

BUT DU JEU : Exécuter l'ordre du meneur de jeu sans se tromper.

Au début du jeu tous les joueurs et le meneur sont sur la rive (à l'extérieur du cercle). Le meneur saute en avant en disant "dans la mare". Les joueurs doivent exécuter cet ordre.

Le meneur enchaîne. S'il dit "sur la rive" les joueurs font un saut en arrière, mais s'il dit "dans la mare" les joueurs ne bougent pas puisqu'ils y sont déjà.

Pour tromper la vigilance des joueurs, le meneur peut encore :

— sauter quand il ne faut pas sauter (et inversement)

— inverser les termes des ordres donnés : sur la mare (au lieu de dans), dans la rive (au lieu de sur...).

REMARQUES : Ne pas éliminer les joueurs. Donner des points, le gagnant étant celui qui a le moins de points.

VARIANTES :

LES PETITS MOUSSES (4/6)

— en mer : on saute dans la mer

— sur terre : on revient sur la terre

On peut ajouter : en bateau : on ne bouge pas.

72 MARE CANARDS AUX FOULARDS

UN CONTRE TOUS

EFFECTIF : 10 à 30 joueurs (nombre impair).

AGE : à partir de 8 ans
8 - 10 ans

INTÉRÊT DU JEU :

MAITRISE DU CORPS (réflexe).

DÉROULEMENT :

BUT DU JEU : Pour chaque joueur, tirer à soi le foulard dès que le mot "mare" ou "canard" est prononcé.

Le meneur de jeu raconte une histoire dans laquelle les mots "mare" et "canard" reviennent souvent. Quand ils sont prononcés, le meneur qui s'empare du foulard marque un point. Le joueur qui s'empare du foulard sans qu'un des mots clés ait été prononcé fait marquer un point à son adversaire.

REMARQUE : On peut changer à volonté le ou les mots clés.

MATÉRIEL : 1 foulard pour 2 joueurs.

FORMATION : en cercle de préférence, assis 2 par 2, côte à côte, genou contre genou. Un foulard est posé sur les genoux qui se touchent. Le bras extérieur est derrière le dos. C'est lui qui doit saisir le foulard.

73 LES MOUCHES

UN CONTRE TOUS

EFFECTIF : 6 à 15 joueurs.
AGE : à partir de 4 ans
4 - 6 ans

MATÉRIEL :
1 balle.

FORMATION :
Joueurs en demi-cercle face au meneur.

INTÉRÊT DU JEU :

MAÎTRISE DU CORPS,
maîtrise de l'engin (blocage).

DÉROULEMENT :

BUT DU JEU : Attraper le plus grand nombre de mouches (et les conserver).

Le meneur de jeu lance la balle (une mouche à chaque joueur) dans un ordre indéterminé. Le joueur attrape la balle : il possède une mouche et joint les mains pour la conserver. Lorsque le joueur laisse échapper la balle, on ouvre les mains sur une feinte du lanceur, les mouches "s'envolent" ; il repart à zéro.
On convient d'un nombre de mouches à atteindre : le premier joueur qui a atteint ce nombre remplace le lanceur de balle.

74 PAN ! LAPINS

UN CONTRE TOUS

EFFECTIF : 15 à 30 joueurs

AGE : à partir de 6 ans
6 - 8 ans

FORMATION : Jeu en rond. Joueurs assis sur des chaises ou des bancs.
Un joueur (le chasseur de lapins) est au centre du cercle.

INTÉRÊT DU JEU :

MAITRISE DU CORPS (réflexe - latéralisation).

DÉROULEMENT :

BUT DU JEU : Pour le lapin visé et ses voisins de droite et de gauche, réagir immédiatement à l'ordre donné par le chasseur.

— Le chasseur tend un bras, désigne (vise) un lapin en disant : "Pan !"
— Le lapin visé met ses mains à la tête, pouces sur les tempes et ouvre et ferme alternativement les mains (il agite ses oreilles).
— Les lapins qui se trouvent de part et d'autre du lapin visé agitent de la même façon l'oreille qui se trouve à côté du joueur : lapin de droite, oreille gauche ; lapin de gauche, oreille droite.
Le lapin qui ne réagit pas assez vite ou qui se trompe, s'assied par terre. Pour les coups suivants on ne tient plus compte des joueurs assis à terre.
Le dernier joueur est vainqueur.

VARIANTES :

LA TOMATE (4/6 ans maîtrise de l'engin).
Le meneur envoie un ballon (la tomate) à un joueur. Celui-ci doit la bloquer. Les joueurs qui se trouvent à sa droite et à sa gauche mettent leur deux mains sur le côté du visage se trouvant à côté de ce joueur (pour se protéger des pépins).
Le joueur qui ne bloque pas le ballon, ceux qui ne se protègent pas assez vite ou pas du tout sont éliminés.

75 LA DILIGENCE

UN CONTRE TOUS

EFFECTIF : 15 à 30 joueurs.
AGE : à partir de 4 ans
6 - 10 ans

FORMATION :

Jeu en rond.
Joueur assis (chaises - bancs).

INTÉRÊT DU JEU :

MAÎTRISE DU CORPS (réflexes).

DÉROULEMENT :

BUT DU JEU : Réagir aux indications données par le meneur de jeu.

Les joueurs sont répartis par groupes : 3 à 4 joueurs sont les roues de la diligence, 1 ou 2 le cocher, 4 à 5 les chevaux, 5 à 6 les voyageurs, 3 à 4 les bagages...
Le meneur raconte le voyage de la diligence en faisant intervenir dans son histoire les noms des différents groupes.
Quand il prononce le mot diligence, tous les joueurs se lèvent, font un tour sur eux-mêmes et se rasseoient.
Quand il prononce le mot :
— roue : les roues se lèvent et imitent le grincement.
— cocher : le cocher se lève et imite le claquement du fouet.
— cheval : les chevaux se lèvent et imitent le galop des chevaux.
— etc...
Au bout de quelques minutes le meneur peut se faire remplacer par le dernier assis.

REMARQUES : On peut ajouter des groupes : les voleurs, les gendarmes...
On peut changer de sujet et raconter un match de rugby, de boxe...

76 CARACACA

UN CONTRE TOUS

EFFECTIF : 10 à 12 joueurs.
AGE : à partir de 6 ans
8 - 10 ans

FORMATION :
Joueurs en ligne.

INTÉRÊT DU JEU :

MAÎTRISE DU CORPS (réflexe - course), jeu d'opposition.

DÉROULEMENT :

BUT DU JEU : Atteindre le but sans se faire rattraper par les adversaires.

Chaque joueur choisit un nom d'animal et l'indique au meneur de jeu (les autres joueurs doivent l'ignorer).
Le meneur crie : "Caracaca sur ...le lion".
Le lion doit s'enfuir et atteindre le but sans être rattrapé par les autres joueurs. Il peut choisir de partir tout de suite ou attendre quelques instants, se déplacer derrière la ligne... pour donner le change à ses adversaires.
Chaque joueur rattrapé perd un point.

77

UN CONTRE TOUS

BAGUETTE MAGIQUE

EFFECTIF : 12 à 20 joueurs

AGE : à partir de 6 ans
6 - 8 ans

FORMATION :
Jeu en rond.

INTÉRÊT DU JEU :

MAITRISE DU CORPS (expression).

DÉROULEMENT :

BUT DU JEU : "Transformer" la baguette en un autre objet en mimant une action.

Le meneur de jeu tient la baguette et prononce la formule "baguette magique 1.2.3.". Il mime une action ou la baguette se transforme en ...balai, brosse à dents... Le joueur qui trouve l'objet mimé remplace le meneur.

VARIANTES :

1°) LE TRADERIDERA
La baguette circule sur une mélodie. Quand la mélodie s'arrête, le joueur en possession de la baguette vient mimer une action.

2°) LES OBJETS MAGIQUES
Plusieurs objets sont au centre du cercle : baguette - foulard - ballon... Le meneur de jeu commence un mime en utilisant un objet. Des joueurs viennent participer à l'action en utilisant les autres objets.

REMARQUE : Peut aussi se jouer avec la mélodie "Tradéridera".

78

UN CONTRE TOUS

LE PONT D'AVIGNON

EFFECTIF : 10 à 30 joueurs
AGE : à partir de 8 ans
8 - 12 ans

FORMATION : Les joueurs sont disposés de part et d'autre de deux traits parallèles représentant le pont d'Avignon.

INTÉRÊT DU JEU :

MAITRISE DU CORPS (expression).

DÉROULEMENT :

BUT DU JEU : Découvrir, faire découvrir un personnage par le mime.

• Le meneur de jeu traverse le pont en imitant un personnage connu (Charlot - Napoléon), un métier (bucheron, jockey...), un sportif (cycliste, basketteur...)...

• Le joueur qui trouve, traverse à son tour le pont en imitant un autre personnage.

VARIANTES :

LES COUPLES MIMES (10/12)
Le meneur établit une liste d'actions devant se dérouler dans un certain ordre et remet à chaque joueur un papier comportant deux noms : ballon - personne qui a mal aux dents ; dentiste - chien en laisse...
Le premier nom indique une réponse à donner à un mime qui se déroule.
Le deuxième nom indique le mime qu'il faut commencer après la première action.
Le meneur mime alors la première action : footballeur. Le joueur qui a le mot "ballon" sur papier vient participer au mime.
Quand les autres joueurs ont trouvé il commence le mime indiqué en second sur un papier ("personne qui a mal aux dents...") etc...

LES TABLEAUX MIMÉS (10/12)
On prévoit des tableaux faisant appel à plusieurs joueurs.
L'un des joueurs a le n° 1 sur son papier et commence son mime ; les joueurs qui se sentent concernés viennent compléter l'action.

79 L'OBJET VISIBLE

UN CONTRE TOUS

EFFECTIF : 20 à 30 joueurs
AGE : à partir de 6 ans
6 - 10 ans

INTÉRÊT DU JEU :

PERCEPTION DE L'ESPACE (observation).

DÉROULEMENT :

BUT DU JEU : Localiser la place d'un objet connu, caché dans un espace connu.

Le meneur de jeu place un petit objet de manière qu'il soit visible, au moins partiellement sans déplacer d'autres objets sans être vu des joueurs qui ferment les yeux ou lui tournent le dos.
Au signal, les joueurs essaient de récupérer l'objet.
Ceux qui le voient s'asseoient en silence.
Le dernier à avoir trouvé a perdu.

VARIANTES :

1°) PAR ELIMINATION
Les joueurs font une fois le tour de l'aire de jeu. Ceux qui n'ont pas vu l'objet s'asseoient. Les autres indiquent à l'oreille du meneur où est l'objet. Ceux qui l'ont effectivement vu s'éloignent et ferment à nouveau les yeux pendant que l'objet est changé de place.
On continue jusqu'à ce qu'il ne reste qu'un joueur.

2°) PAR EQUIPES
Les joueurs sont répartis en deux équipes. Un joueur de chaque équipe sort, pendant qu'on cache l'objet. Le premier qui trouve fait marquer un point à son équipe.

3°) LE DÉTAIL CHANGÉ (8/10) (nombre de joueurs restreint)
On change un détail de la tenue vestimentaire d'un joueur.
Il faut trouver le joueur et le détail changé.

4°) ATOMISÉ (avec des plus jeunes)
Pendant que les joueurs ont les yeux fermés le meneur fait sortir un joueur. Il faut trouver le nom de celui qui a disparu.

MATÉRIEL :

1 petit objet.

FORMATION :

Les joueurs circulent dans un espace délimité.

80

UN CONTRE TOUS

LE CHEF D'ORCHESTRE

EFFECTIF : 8 à 20 joueurs
AGE : à partir de 6 ans
6 - 8 ans

FORMATION :
Jeu en rond.

INTÉRÊT DU JEU :

COOPÉRATION, COMMUNICATION, jeu de rythme, observation.

DÉROULEMENT :

BUT DU JEU : Pour le joueur sorti du cercle, essayer de découvrir qui est le chef d'orchestre.

Un volontaire sort ; en son absence, les autres désignent l'un d'entre eux qui sera le chef d'orchestre.
Le volontaire revient au milieu du cercle.
Les joueurs du cercle entonnent un chant rythmé par les gestes du chef d'orchestre (il tape sur ses genoux, dans ses mains, mime le joueur de violon, de piano...).
Tous les joueurs l'imitent.
Le joueur extérieur à l'orchestre a trois essais pour découvrir son chef.

81 MA GRAND'MERE

UN CONTRE TOUS — *EST ALLÉE AU MARCHÉ*

EFFECTIF : 6 à 8 joueurs
AGE : à partir de 8 ans
8 - 10 ans

FORMATION :
Jeu en rond.

INTÉRÊT DU JEU :
MAÎTRISE DU CORPS (ÉLOCUTION - MÉMOIRE - LATÉRALISATION).

DÉROULEMENT :
BUT DU JEU : Mémoriser la phrase à faire circuler et les gestes qui l'accompagnent.

1er joueur : (en général l'animateur) "Ma grand'mère est allée au marché".
2e joueur : "Ah ! et qu'est-ce qu'elle a acheté ?".
1er joueur : "Elle a acheté un moulin à café" (En même temps mimer une personne qui tourne la manivelle d'un moulin à café).
Le même dialogue s'engage entre le 2e et le 3e joueur... etc...
Au 2e tour l'animateur ajoute un objet et un mime
— un fer à repasser
— un fauteuil à bascule
— une pendule qui fait coucou
— etc...
Le joueur qui se trompe perd un point.

VARIANTES :
• Même principe, sans les mimes, mais chaque joueur ajoutant un objet de son choix.
• D'autres jeux sont issus du jeu "Ma grand-mère est allé au marché" : Cavalier gentil - Le pia... etc...

82 PIERRE APPELLE PAUL

UN CONTRE TOUS

EFFECTIF : 8 à 15 joueurs
AGE : à partir de 8 ans
10 - 14 ans

INTÉRÊT DU JEU :

PERCEPTION DU TEMPS (rythme), maîtrise du corps.

DÉROULEMENT :

BUT DU JEU : Sans interrompre le rythme marqué par l'ensemble des joueurs, réagir à l'appel de son numéro et appeler un autre numéro.

1°) On frappe des deux mains sur les genoux (sans rien dire).

2°) On frappe dans ses mains.

3°) Le pouce droit est lancé par dessus l'épaule droite.

4°) Le pouce gauche est lancé par dessus l'épaule gauche.

I - Se répète autant de fois que nécessaire : les joueurs s'imprègnent ainsi du rythme.

II - Pierre commence le jeu et appelle obligatoirement Paul (si Pierre est appelé dans le courant du jeu, il ne peut appeler que Paul).

III - Paul appelle un numéro mais il peut appeler Pierre... Si le joueur appelé ne respecte pas le rythme ou n'appelle personne, ou a oublié son numéro, il passe en dernière position. Chaque joueur se trouvant après lui se décale d'un rang et avance donc d'un numéro. Pierre relance le jeu.

REMARQUE : Avec des joueurs qui ne connaissent pas le jeu, il vaut mieux conserver les numéros et donner des points au perdant.

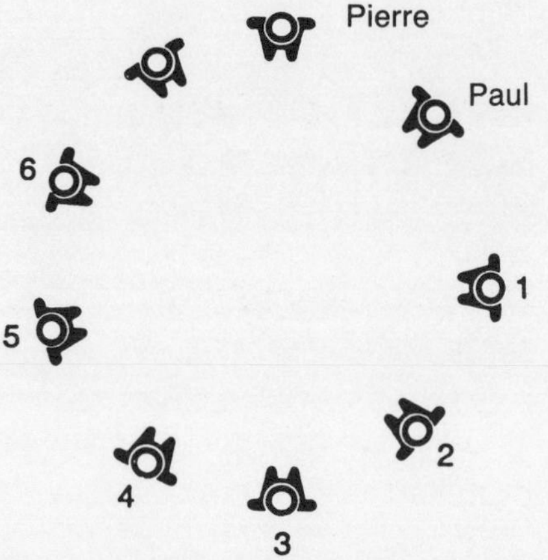

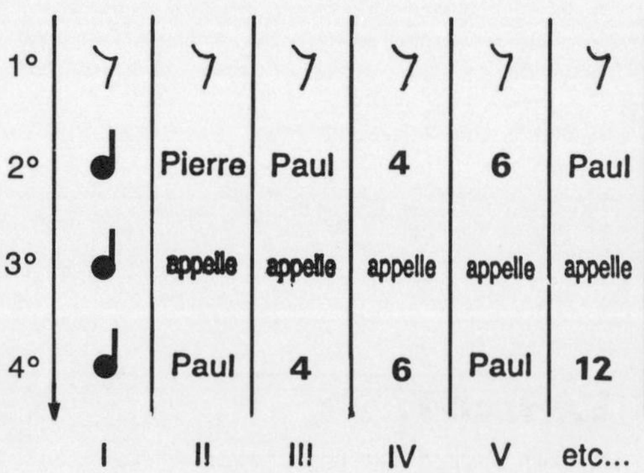

83

UN CONTRE TOUS

COLIN MAILLARD

EFFECTIF : 10 à 20 joueurs
AGE : à partir de 6 ans
6 - 8 ans

INTÉRÊT DU JEU :

JEU DE RENCONTRE.

MATÉRIEL :

1 foulard.

FORMATION : Jeu en rond (pour que le joueur aveugle soit en sécurité). Au centre, un joueur les yeux bandés.

DÉROULEMENT :

BUT DU JEU : Le joueur, yeux bandés, doit reconnaître et nommer un autre joueur.

— Les joueurs se tiennent par la main et la ronde tourne en chantant autour du joueur aux yeux bandés (Colin Maillard).
— Quand le chant s'arrête, la ronde s'immobilise en silence.
— Colin Maillard s'avance vers un joueur, le touche et doit deviner son nom. S'il le reconnait il change de place avec lui ; sinon il recommence avec un autre joueur (pas plus de trois essais).

VARIANTES :

1°) Colin Maillard peut poser trois questions au joueur dont il essaie de trouver le nom.

2°) Dans un espace restreint et délimité, Colin Maillard tente d'attraper un de ses camarades. Lorsqu'il le tient, il doit le reconnaître et le nommer.

3°) Colin Maillard à la clochette :
C'est Colin Maillard qui est le seul à voir clair ; tous les autres joueurs ont un bandeau ; Colin agite la clochette, les aveugles se précipitent sur ses pas guidés par le son ; lorsque Colin est pris il perd sa clochette (nécessité d'un espace bien délimité).

84

UN CONTRE TOUS

BALLON EN CAGE

EFFECTIF : 10 à 30 joueurs

AGE : à partir de 6 ans
8 - 10 ans

MATÉRIEL :
1 ballon.

FORMATION : Joueurs en cercle, jambes écartées, pied contre pied.

INTÉRÊT DU JEU :

MAITRISE DE L'ENGIN,
maîtrise du corps, jeu d'opposition

DÉROULEMENT :

BUT DU JEU : Faire passer le ballon entre les jambes d'un adversaire.

Le ballon roule au sol ; il ne doit jamais s'élever. Chaque joueur, penché en avant, repousse le ballon des mains sans le bloquer, sans plier les genoux.
Le ballon sorti entre deux joueurs est remis en jeu.
Le joueur qui laisse passer le ballon perd un point : le joueur qui possède le moins de points en fin de partie, gagne.

85

UN CONTRE TOUS

LE CERCLE EMPOISONNE

EFFECTIF : 15 à 30 joueurs
AGE : à partir de 6 ans
8 - 10 ans

INTÉRÊT DU JEU :

MAITRISE D'OPPOSITION.

DÉROULEMENT :

BUT DU JEU : Ne pas se laisser entraîner à l'intérieur du cercle et tenter d'y faire pénétrer d'autres joueurs.

Les joueurs font une ronde et tournent autour du cercle.
Chaque joueur posant un pied à l'intérieur du cercle est éliminé.
Chaque fois le périmètre du cercle est réduit.

REMARQUE : On peut dessiner le cercle sur le sol.
On n'élimine pas les joueurs.
Chaque joueur qui entre dans le cercle empoisonné perd un point.

MATÉRIEL :

une corde.

FORMATION : Les joueurs se donnent la main autour d'un cercle matérialisé au sol par une corde.

86 LES CAVALIERS PRESSES

UN CONTRE TOUS

EFFECTIF : 10 à 20 joueurs
nombre pair

AGE : à partir de 8 ans
8 - 10 ans

INTÉRÊT DU JEU :

MAITRISE DU CORPS (course).

MATÉRIEL :

Autant d'objets que de couples moins un.

FORMATION : Par deux sur un cercle (cheval plus cavalier), objets disséminés dans le cercle (un de moins que de cavaliers).

DÉROULEMENT :

BUT DU JEU : Pour le cavalier, se saisir d'un objet.

• Le meneur commande "à cheval" : les cavaliers sautent sur leurs montures.

• Le sens de rotation étant convenu à l'avance, au signal "Partez", les cavaliers :

— descendent des chevaux

— tournent en courant à l'extérieur du cercle dans le bon sens

— passent entre les jambes des chevaux et vont prendre un objet situé au milieu du cercle.

• Le cavalier qui n'a pas d'objet est éliminé. Il s'assied devant sa monture.

• On enlève chaque fois un objet. Le dernier cavalier restant, a gagné.

REMARQUES : Attention au choix du terrain.
A chaque coup, inverser les rôles.

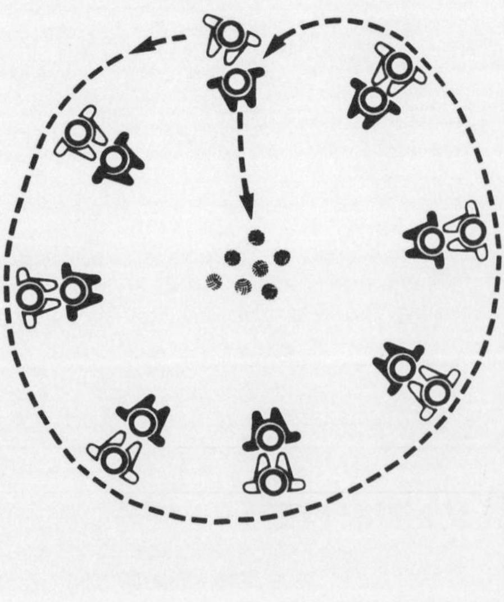

VARIANTES :

1°) DERNIER A CHAVEL

Même jeu, le cavalier ne passe pas entre les jambes de la monture mais grimpe sur le cheval après un tour de cercle (moins dangereux que le précédent).

2°) LAPINS/TERRIERS (5/7)

Même jeu que le précédent. Les chevaux deviennent des lapins et les montures des arbres. Au signal, les lapins font un tour du cercle, passent entre les racines de l'arbre (jambes écartées) et s'assoient devant lui en remuant les oreilles (mains de chaque côté de la tête).

87

UN CONTRE TOUS

BALLE BRULEE

EFFECTIF : 8 à 12 joueurs
AGE : à partir de 10 ans
10 - 14 ans

MATÉRIEL :
une balle.

INTÉRÊT DU JEU :

MAITRISE DE L'ENGIN, maîtrise du corps, perception de l'espace, jeu d'opposition.

DÉROULEMENT :

BUT DU JEU :

Renvoyer la balle avec la paume de la main, sans la bloquer, au-dessus de la ligne, après un rebond au maximum.
Eliminer les autres joueurs.

Un joueur lance la balle au-dessus de la ligne.
Le joueur placé le plus près du rebond la renvoie... jusqu'à ce qu'un joueur commette une faute (balle au-dessus de la ligne, au-dessus du fronton, à côté, rebond en dehors du terrain).
Ce joueur "va à la porte". Il est "brûlé". Il va se placer le dos au fronton, les pieds contre le mur. Il fait l'engagement suivant en envoyant la balle vers un joueur.
Celui-ci peut refuser l'engagement une fois (faux rebond, balle mal placée...).
Le joueur qui manque la balle est également brûlé, sauf si un joueur placé derrière lui renvoie la balle avant le 2ème rebond.
Pour se délivrer, les joueurs "brûlés" doivent "gober" la balle (l'attraper au vol sans la relâcher).
Le lanceur est à son tour brûlé. Le joueur qui reste seul sur le terrain a gagné.

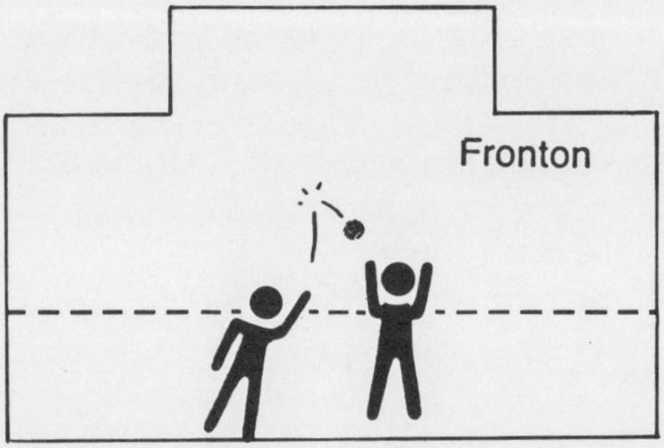

VARIANTE :

1°) Les joueurs peuvent se numéroter. Ils sont alors obligés de prendre la balle à tour de rôle.
2°) Jeu par équipes
Les joueurs de chaque équipe jouent alternativement.

REMARQUES : Apparaissent dans cette variante des intérêts supplémentaires :
— organisation de l'équipe et coopération (permettre aux joueurs de son équipe de se délivrer)
— occupation du terrain par l'équipe en fonction de la place de l'autre équipe.

88

UN CONTRE TOUS

LA DEFENSE DU BATON

EFFECTIF : 10 à 12 joueurs
AGE : à partir de 8 ans
10 - 14 ans

FORMATION : Des attaquants autour du grand cercle. Un défenseur (gardien) dans la zone.

INTÉRÊT DU JEU :

MAITRISE DE L'ENGIN,
maîtrise du corps, jeu d'opposition, organisation dans l'espace.

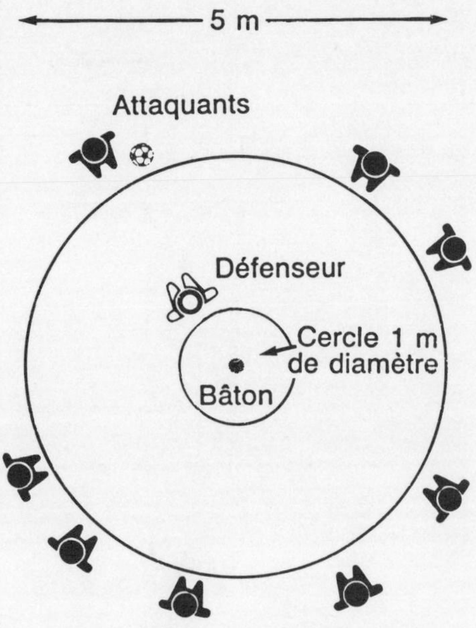

DÉROULEMENT :

BUT DU JEU : Renverser la quille (le bâton).

Les attaquants essaient de renverser la quille protégée par un défenseur.

— les attaquants ne peuvent pas rentrer dans la zone, ni se déplacer avec le ballon (on peut autoriser 3 pas comme au hand-ball).

— le défenseur ne doit pas pénétrer dans le cercle où se trouve la quille. Il peut repousser le ballon des pieds, des mains, de la tête ou de son corps.

— le ballon doit frapper la quille sans avoir touché le sol préalablement.

— celui qui renverse la quille devient gardien.

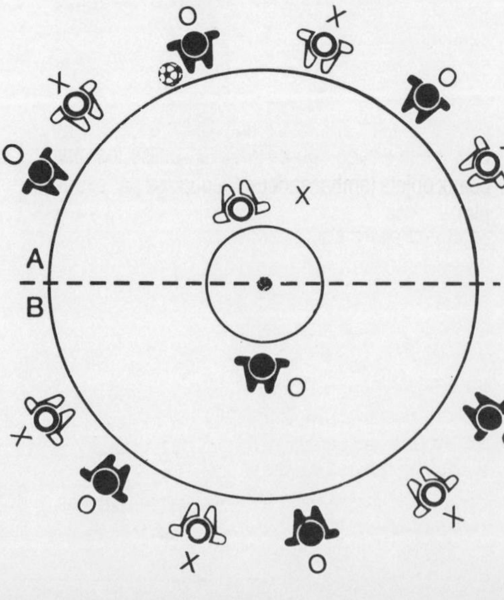

VARIANTES :

2 équipes - 2 gardiens - 2 zones.

Le gardien X se trouve dans la zone A et les O attaquent seulement de cette zone. Inversement le gardien O se trouve dans la zone B. Les X attaquent seulement de cette zone.

89 LES AMBASSADEURS

AMBASSADEUR

EFFECTIF : 20 à 30 joueurs
AGE : à partir de 8 ans
8 - 12 ans

MATÉRIEL :
variable selon les jeux.

FORMATION :
Par équipes de 4 à 6 joueurs.

INTÉRÊT DU JEU :

MAITRISE DU CORPS, coopération, perception du temps (pour l'ambassadeur rythme)

DÉROULEMENT :

BUT DU JEU : Pour chacun des joueurs, transmettre et faire comprendre un message aux membres de son équipe.
Le meneur a préparé une liste de messages (métiers par exemple). Chaque équipe envoie un ambassadeur vers le meneur ; au début du jeu le meneur donne le même message ; chaque ambassadeur revient vers son équipe et essaie de faire découvrir ce premier message. Les joueurs qui pensent avoir trouvé donnent la réponse à l'ambassadeur qui répond oui ou non.
Le joueur qui donne la réponse exacte va vers le meneur, en passant par le couloir central, lui donne cette réponse. Le meneur donne alors le second message à trouver, etc...
Quand un joueur est auprès du meneur, les autres attendent à l'entrée du couloir.
Le message des ambassadeurs peut être mimé, dessiné, découpé... suivant la variante jouée ; l'équipe gagnante est celle qui la première a mimé tous les messages ou celle qui a réalisé les plus beaux objets (ambassadeur découpage par exemple).

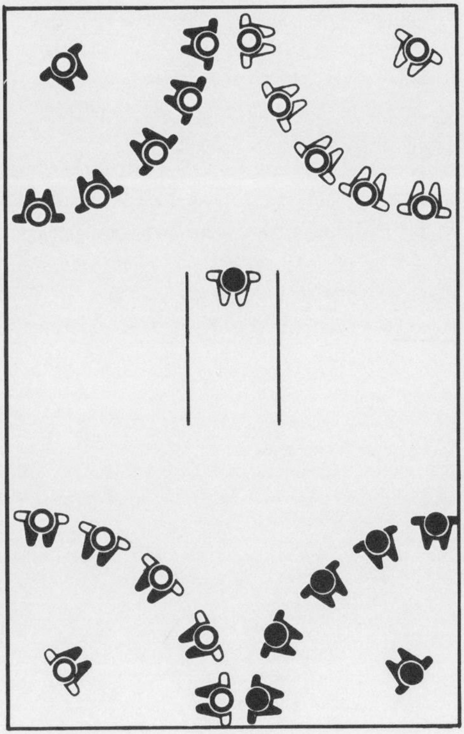

VARIANTES :

AMBASSADEUR MIME
L'ambassadeur mime le message et ne doit absolument pas parler.
AMBASSADEURS DESSIN
Chaque groupe à a sa disposition papier et crayons. L'ambassadeur doit dessiner le message qu'il a reçu. *(suite au verso)*

AMBASSADEURS DÉCOUPAGE
Chaque groupe dispose d'une réserve de papier et d'une paire de ciseaux.
L'ambassadeur doit découper le message (objet - animal) à faire trouver.
Remarque : Peut aussi se jouer en déchirant du papier.

AMBASSADEURS FICELLE
Chaque groupe dispose d'une ficelle (ou mieux d'un bout de fil électrique).
L'ambassadeur compose la silhouette de l'objet à trouver à l'aide de la ficelle.

AMBASSADEURS BRUITAGE
Chaque groupe dispose d'un matériel simple (sable - papier - tube...).
L'ambassadeur produit des bruits qui évoquent le message (la mer, un cheval, une auto...).
Remarque : penser à espacer suffisamment les groupes.

AMBASSADEURS CHANSONS
L'ambassadeur fredonne (ou siffle) la chanson à faire découvrir.

AMBASSADEURS RYTHME
L'ambassadeur traduit le message en tapant dans ses mains (ou avec un instrument de percussion) le rythme de la chanson à découvrir.

REMARQUES :
Prévoir une liste de messages de difficulté progressive (animaux, métiers, objets, action...) en tenant compte à la fois :
• de l'âge des enfants
• du type de jeu choisi (la difficulté à représenter un objet est plus ou moins grande suivant que cet objet est dessiné, découpé, mimé, etc...).
La menée sera d'autant plus facilitée que les groupes seront à égale distance du meneur, qu'un "couloir" conduisant au meneur sera aménagé, que les joueurs seront disposés en demi-cercle face à leur ambassadeur.

90 LA GRESSE

SAUTE-MOUTONS — *JEU TRADITIONNEL DE BRESSE*

EFFECTIF : 5 à 10 joueurs
AGE : à partir de 10 ans
10-14 ans

TERRAIN : Herbe de préférence, ou sable.

INTÉRÊT DU JEU :

MAITRISE DU CORPS,
jeu d'opposition.

FORMATION : En file, avec un espace suffisant entre chaque mouton.

DÉROULEMENT :

BUT DU JEU : Prendre la place de la mère.

Un joueur se met en tête de la file F des sauteurs : c'est la "mère".

La mère saute le monton à saute-mouton en donnant un ordre, et en montrant l'exemple.

Chacun des autres joueurs devra faire exactement la même chose.

Celui qui ne réussit pas la figure ou se trompe remplace le mouton.

LES ORDRES :

A) **A exécuter en sautant** (nettement mais sans brutalité).

1 - Palette : c'est le saute-mouton ordinaire.

2 - Sellette : le joueur doit effleurer les reins du mouton avec son postérieur, mais sans renverser le mouton.

3 - Fauteuil : Même saut, mais le contact postérieur-reins plus rude peut causer l'affolement du mouton.

4 - Eperon (ou coup de pied à la lune) : le sauteur frappe le derrière du mouton avec son talon.

5 - Double éperon : Même chose, mais avec deux frappés successifs pour un même saut.

6 - Tapette : le sauteur frappe les fesses du mouton avec la main.

7 - Claquette : Saut ordinaire, mais les deux mains doivent claquer sur le dos du mouton.

8 - Alterné : Saut ordinaire, mais les deux mains frappent l'une après l'autre le dos du mouton.

9 - Tire-bouchon : Saut ordinaire, mais les deux mains, fermées, tournent sur le dos du mouton.

10 - Couperet : Saut ordinaire, une main sur le dos du mouton, l'autre frappant le cou du mouton à la manière d'un couperet.

11 - Grand écart : Saut ordinaire, les jambes, très écartées, presque à l'horizontale.

12 - Derrière en l'air (les enfants disent "cul en l'air") : Saut ordinaire accompagné d'un mouvement de fesses vers le haut (attention aux chutes sur le nez !).

13 - Sans les mains : Il faut sauter le mouton sans poser les mains sur son dos.

14 - A cheval : Au lieu de sauter le mouton, le joueur se place à cheval sur son dos et redescend immédiatement.

B) **Figures à exécuter après la série de sauts**

15 - Les petits chinois mangent du riz : La mère donne cet ordre et les autres joueurs doivent immédiatement porter les deux mains à la bouche (comme s'ils jouaient de l'harmonica). Le dernier prêt remplace le mouton.

16 - Napoléon est mort : Même chose. Les joueurs doivent se mettre au garde à vous.

17 - Napoléon passe la revue : Même chose. Les joueurs doivent saluer.

18 - Forgeron : Quand la mère a dit "le forgeron", tous les joueurs se groupent autour du mouton. La mère dit alors "frappez, frappez..., frappez pas". Tant que la mère dit "frappez", les joueurs martèlent doucement le dos du mouton. A "frappez pas", tout le monde s'arrête. Celui qui continue remplace le mouton.

19 - Le menuisier : Même chose ("rabotez... rabotez pas"). Les joueurs frottent le dos du mouton, point fermé. *(suite au verso)*

20 - Le canon : Quand la mère dit "le canon", les joueurs ne bougent pas, regardent, écoutent. Ils devront dire et faire la même chose.
"Voici l'affût du canon" : main passée sur le dos du mouton.
"Je prends un boulet", je place le boulet dans le canon : main poussant sur la tête du mouton.
"Je place la mèche" : geste simulant une queue partant du derrière du mouton.
"Je l'allume" : (mime).
"Boum !" : Le joueur donne un grand coup de fesses dans le derrière du mouton.
21 - La lettre : Même chose.
"J'écris une lettre" : sur le dos du mouton.
"Je signe ma lettre" : (mime).
"Je la plie" : (mime).
"Je la place dans une enveloppe" : (mime).
"Je ferme l'enveloppe" : (mime).
"Je colle un timbre" : avec le poing.
"J'expédie ma lettre" : un coup de fesses dans le derrière du mouton.
22 - Paillasse : La mère reste à l'endroit et dans la position où elle est tombée (près du mouton en général), les autres joueurs font de même (on peut tomber sur un autre joueur). Au troisième ou quatrième joueur, cela devient difficile. Celui qui bouge remplace le mouton - même si c'est parce qu'il n'a pas pu supporter un autre joueur qui s'est accroché sur son dos (phase dangereuse).

C) **Après le saut et avec poursuite**
23 - Statue : Chaque joueur demeure à l'endroit où il tombe, sans toucher une statue déjà en place et sans bouger. Quand tous les joueurs sont passés, le mouton se met à un pas du joueur le plus éloigné du trait M. Au signal de la mère, tout le monde se sauve et le mouton essaie de toucher un joueur. Quand la file F est reformée, les joueurs ne peuvent plus être touchés.
24 - J'emmène mon âne au marché : Le joueur prend le mouton par l'oreille, le fait marcher à quatre pattes, l'emmène où il veut, lui fait faire ce qu'il veut et lorsqu'il décide, lui lâche l'oreille et se sauve. A ce moment, "l'âne" a le droit de le toucher. Le joueur touché devient mouton.
D) **Après le saut et avec compétition**
25 - Lunette de ma grand'mère : La mère trace le contour de ces deux pieds à l'endroit où il a touché le sol. Chaque joueur doit retomber au même endroit.
26 - Doubles lunettes, triples lunettes : Même chose, mais la mère a fait deux sauts ou trois sauts successifs (tout l'art consite à faire des sauts avec retournement).

27 - Monocle ou "mon oncle" : Même chose mais avec tracé d'un seul cercle autour des deux pieds.

28 - Echelle montante : Chaque joueur doit sauter plus loin que le précédent.

29 - Echelle descendante : Chaque joueur doit sauter moins loin que le précédent.

30 - Les dents : Chaque joueur saute, un foulard entre les dents et le laisse tomber où il arrive. Quand tous les joueurs sont passés, chacun va ramasser son foulard avec les dents, alors que le mouton cherche à les faire rire. Le dernier qui ramasse a perdu.

31 - Les dents à cloche-pied : Même chose, mais retour à F à cloche-pied. Le dernier arrivé a perdu.

32 - Mouchoir : Chaque joueur laisse son mouchoir sur le dos du mouton. Le dernier ramasse tous les mouchoirs. Celui qui fait tomber un mouchoir devient mouton.

33 - Mouchoir retour : Même chose, mais on reprend son mouchoir lors d'un deuxième saut.

REMARQUE :
Nous avons indiqué 33 ordres possibles : il y en a bien d'autres. Ces ordres ne sont pas tous originaires de Bresse, nous en avons recueilli en Dordogne et dans la Région Parisienne.

CONSEILS :

1) Ce jeu ne peut être lancé au début d'un centre s'il n'est pas déjà joué dans la région. Il convient que l'animateur connaisse bien les enfants et leurs capacités.

2) Ce jeux est dangereux tant qu'il n'est pas connu des enfants. Quand ils le connaîtront, ils pourront le jouer seul et établiront un équilibre naturel entre les ordres actifs ou calmes, difficiles ou simples.

3) L'ordre des joueurs reste le même pendant tout le jeu. Si la "mère" se trompe, elle devient mouton. C'est le second de la file qui devient mère. Le mouton se met en queue de file.

4) Les ordres ne seront pas donnés en suivant les numéros mais en fonction de ce qu'ils apportent, il faudra alterner les ordres amenant un exercice physique (1-2-3-4-5-6-7-8-9-10-11-12-13-14-22-23-24-25-26-27-28-29-30-31-32-33) et ceux où il y a une histoire, des gestes (15-16-17-18-19-20-21-24).

5) Quand l'animateur mène le jeu, il doit sentir le moment où le mouton se fatigue et connaître :
a) les ordres où le mouton change obligatoirement : 15-16-17-18-19-22-29-30-31 ;
b) les ordres où le mouton change très souvent : 13-20-21-23-24-32-33.

FICHIERS de JEUX

Les fichiers de la collection "VIENS JOUER" éditée par LES FRANCAS s'adressent à tous les éducateurs (enseignants, animateurs, voire les parents) soucieux d'enrichir leur répertoire d'outils éducatifs et pédagogiques.

■ JEUX & ACTIVITĒS NATURE

Pour les enfants de 8 à 14 ans, seuls ou en groupes. Il comprend :
- 1 dossier pédagogique :
  les enjeux de la découverte nature, la démarche de découverte : écosystème-chaîne alimentaire, rôle de l'animateur.
- 1 série de fiches : découvrir des éléments naturels : les arbres, les oiseaux, les petites bêtes, les petits mammifères, les minéraux ; découvrir des milieux : la mare, la pelouse, la haie, le sol, la forêt, le bord de mer, la nature en milieu urbain ; utiliser des outils de découverte ; exploiter la découverte.

■ JEUX & ACTIVITĒS - Petite Enfance

Pour les enfants à partir de 2 ans. Il comprend :
- 1 dossier pédagogique destiné aux enseignants et aux éducateurs.
- 2 séries de fiches : - Fiches d'activités : exploitation d'histoires, la ville, nature, jeux de plein air - Fiches techniques : recettes de cuisine, flore , nature, jouets à eau ou à vent, kermesse, accessoires, costumation, chapeaux.

■ ACTIVITĒS MUSICALES - Petite Enfance

Pour les enfants de 2 à 6 ans, seuls ou en groupes. Il comprend :
- 1 dossier pédagogique.

et • 1 série de fiches d'activités (approche théorique, démarche pédagogique, réalisation) : jeux d'écoute, vivre et jouer son corps , utiliser sa voix, jeux de codage, les activités collectives.

■ JEUX DE TRADITION ENFANTINE

Pour les enfants de 4 à 12 ans. Il comprend 2 séries de fiches :
- classées par "famille": jeux d'observation, jeux de réflexe, jeux de société,
- ou classées par matériel : les marelles, les ficelles, les balles, les cerceaux, les cordes...

■ JEUX

Pour les enfants de 4 à 12 ans. Il comprend 1 série de fiches :
Classées par "maîtrise": maîtrise du corps, de l'espace et du temps, d'un engin, des relations. Ces fiches proposent : des jeux de poursuite, des jeux de relais, jeux d'approche ou (et) d'orientation, des jeux d'esquive...

■ JEUX SPORTIFS

Pour les enfants à partir de 8 ans. Il comprend 2 séries de fiches :
- La première série de fiches situe la place de l'activité physique dans l'éducation de l'enfant.
- La seconde série propose :
  20 fiches de jeux sportifs et 5 fiches de sports.

■ ACTIVITĒS SCIENTIFIQUES et TECHNIQUES

Pour les enfants de 6 à 14 ans, seuls ou en groupes. Il comprend :
- 1 dossier pédagogique,

et • 3 séries de fiches d'activités (approche théorique, démarche pédagogique, réalisation) : lumière (linéarité-réflexion-illusions d'optique), électricité, électronique (nature du courant, notion de circuit), mécaniques, forces.

■ ACTIVITĒS MANUELLES

Pour les enfants à partir de 6 ans, seuls ou en groupes. Il comprend :
- 1 dossier pédagogique,

et • 1 série de fiches de jeux et activités à partir d'un élément (l'air), de phénomènes physiques (l'équilibre, l'ombre), de matériaux (peinture, argile, aluminium, bois...), de techniques simples (impression, masques, marionnettes...) et de matériel (fils, perles...).

■ JEUX DE LECTURE ET D'ĒCRITURE

Pour les enfants à partir de 8 ans. Il comprend :
- 1 dossier pédagogique,

et • 3 séries de fiches : "jouer avec les mots", "écrire en jouant", "de l'activité individuelle à l'activité collective", à partir de différents écrits (livres, presse) ou de genres littéraires (conte, poésie...).

Prix d'1 fichier : 90F + 5F de frais d'envoi **= 95F**

BON DE COMMANDE

► **Je désire recevoir :** (faites des ☒)

☐ ...... Fichier(s) Jeux & Activités Nature à **95F**
☐ ...... Fichier(s) Jeux & Activités-Petite enfance à **95F**
☐ ...... Fichier(s) Act. Musicales-Petite enfance à **95F**
☐ ...... Fichier(s) Jeux de Tradition Enfantine à **95F**
☐ ...... Fichier(s) Jeux à **95F**
☐ ...... Fichier(s) Jeux Sportifs à **95F**
☐ ...... Fichier(s) Act. Scientifiques & techniques à **95F**
☐ ...... Fichier(s) Activités Manuelles à **95F**
☐ ...... Fichier(s) Jeux de Lecture et d'Ecriture à **95F**

► **Je joins un chèque de .... F à l'ordre des Francas.**

Nom-Prénom ....

Adresse ....

....

Code postal |_|_|_|_|_| Ville ....

retourner à : **FRANCAS-Editions - 10, rue Tolain - 75020 PARIS**

FICHIERS

ACTIVITÉS

Ces ouvrages expliquent comment des enfants et des jeunes ont réalisé ou peuvent réaliser ces activités sous la conduite d'un éducateur (animateur, enseignant voire parent). Conçus par des éducateurs, des animateurs, ils tiennent compte des intérêts et des capacités des enfants en développant leur savoir-faire, en les amenant à inventer d'autres réalisations. Les explications très claires sont soutenues par de nombreux croquis et photos.

les francas

JEUX & ACTIVITÉS

Construire un manège à air chaud. Sculpter la mousse pour fabriquer des marionnettes. Fabriquer un porte-crayons géant. Modeler des masques en papier collé ou carton-pâte. Des tours de magie. Avec 2 vitres, de l'eau, du sable, etc... créer mille et un paysages...

Prix : 30F + port 5F = **35F** — ***vers les "9-14 ans"***

L'EAU

80 pages d'idées d'activités, de bricolages et de documents passionnants sur un sujet d'actualité : L'eau, élément universel ; L'eau, milieu de vie ; L'eau, porteuse d'énergie ; L'eau, jeu et plaisir. Fabriquer un bateau à aubes, un orgue à eau, un souffle-bulles, des parfums, un tourniquet arroseur, etc...

Prix : 50F + port 5F = **55F** — ***vers les "9-14 ans"***

L'AVENTURE SPATIALE

La découverte de l'espace d'hier à demain... De nombreuses activités, des objets à fabriquer : le satellite, le vêtement de survie, l'engin lunaire télécommandé et son décor... Des documentaires : l'homme dans l'espace, la mise en orbite, les matériaux de l'espace, les sondes, les embouteillages sur orbite...

Prix : 30F + port 5F = **35F** — ***vers les "9-14 ans"***

BON DE COMMANDE

► **Je désire recevoir les ouvrages suivants :** (faîtes des ☒)

Nbre d'ex.		Prix
☐	Jeux et Activités	**35 F**
☐	L'eau	**55 F**
☐	L'aventure spatiale	**35 F**
☐	Cuissons gourmandes	**45 F**
☐	Mécaniques	**45 F**
☐	Fêtes	**55 F**
☐	Marionnettes	**60 F**
☐	Son et Musique	**35 F**
☐	Electromagnétisme	**50 F**
☐	J'imprime	**50 F**

► **Je joins un chèque de** .... **F à l'ordre des Francas.**

Nom-Prénom ....

Adresse ....

....

Code postal ☐☐☐☐☐ Ville ....

FICHIER

retourner à : **FRANCAS-Editions - 10, rue Tolain - 75020 PARIS**

CUISSONS GOURMANDES

Des curiosités ethnologiques alternent avec une présentation de différents aliments. Des propositions d'activités (construire des fours, des grills, cuire sous la cendre, faire du beurre...), des recettes variées et naturelles (pain, pizza, laitage, oeufs, poisson, légumes, fruits, fleurs, miel, etc...).

Prix : 40F + port 5F = **45F** — ***vers les "7-14 ans"***

MÉCANIQUES

Les grands principes de la physique et de la mécanique (pesanteur, mouvement, force, temps...) découverts et appliqués grâce à 24 réalisations passionnantes (culbutos, téléphérique, hélice volante, pantographe, catapulte romaine, sulky, karts, tourniquet arroseur, clepsydre...)

Prix : 40F + port 5F = **45F** — ***vers les "9-14 ans"***

FÊTES

Enfin réédité ! Une foule de propositions d'activités variées (décoration, jeux, cadeaux, costumation, friandises, lumières...) pour tous les moments qui marquent l'année (Noël, les Rois, Mardi-Gras, Pâques, la Fête des Mères, les kermesses...).

Prix : 50F + port 5F = **55F** — ***vers les "6-12 ans"***

MARIONNETTES

Réédition 91 ! Fabriquer des marionnettes à gaine, à tringle, à fils, à bâtons. Ombres chinoises. Théâtres de table, Castelets... Et une foule d'idées pour concevoir et réaliser des spectacles réussis : mise en scène, décors, scénario, textes...

Prix : 55F + port 5F = **60F** — ***vers les "7-12 ans"***

SON ET MUSIQUE

La découverte du son, sa nature, sa propagation... grâce à des expériences faciles. De nombreuses activités : 15 instruments à fabriquer soi-même (maracas, balafon, unicorde, lyre, sifflets, flûtes, métallophone...), créer une ambiance sonore, organiser un spectacle... Des documentaires : le son, sa mesure, les nuisances. Un studio d'enregistrement. Les écoles de musique et les méthodes. Les métiers du son et de la musique.

Prix : 30F + port 5F = **35F** — ***vers les "9-14 ans"***

ÉLECTROMAGNÉTISME

Construire des boussoles simples, des jeux à partir d'aimants, des bateaux à piles, un filicoupeur, une lampe à incandescence, une sonnette, un téléphone, un piano à bouteilles, une mini-centrale sur une chute d'eau... Comprendre grâce aux textes et documentaires.

Prix : 45F + port 5F = **50F** — ***vers les "9-14 ans"***

J'IMPRIME

Découvrir les techniques d'imprimerie grâce à de nombreuses indications de base (lettres, couleurs, procédés...); connaître des techniques (linogravure, gravure sur plâtre, le pochoir, la sérigraphie); réaliser une affiche, une carte d'invitation, un véritable journal...

Prix : 45F + port 5F = **50F** — ***vers les "9-14 ans"***